Prof. Dr. Hans Gärtner

Mein allererstes Lexikon von A-Z

Mit Bildern von
Hermien Stellmacher

SCHNEIDER BUCH

Die Deutsche Bibliothek – CIP-Einheitsaufnahme

Mein allererstes Lexikon von A – Z / Hans Gärtner.
Mit Bildern von Hermien Stellmacher. – München :
F. Schneider, 1997
ISBN 3-505-10259-8
NE: Gärtner, Hans; Stellmacher, Hermien

Dieses Buch wurde auf chlorfreies,
umweltfreundlich hergestelltes
Papier gedruckt. Es entspricht den
neuen Rechtschreibregeln.

Titelbild und Illustrationen: Hermien Stellmacher
Umschlaggestaltung: ART-DESIGN Wolfrath, München
Lektorat: Marianne Vittinghoff und Iris Praël
Herstellung: Gabi Lamprecht
Satz: Hans Buchwieser GmbH, Kirchheim, 14• Helvetica
Druck/Bindung: Tiskarna Mladinska Knjiga, Slovenia
ISBN 3-505-10259-8

Vorwort

MEIN ALLERERSTES LEXIKON ...

... werden alle Kinder mögen, die schon neugierig sind, aber noch keine langen Texte lesen. Längst nicht alles, was Sache ist, steht in diesem Buch, aber sehr vieles.
Mit den Grundbegriffen fängt alles an: das Fragen und Wissen, das Denken und Kennenlernen, das Lesen und Verstehen. Wer Grundbegriffe kennt, kennt schon das Wichtigste. Damit Kinder vieles, was sie hören, sehen und lesen, besser und schneller begreifen, sollen sie MEIN ALLERERSTES LEXIKON benützen. Lisa und Ben begleiten sie durch das Buch.

MEIN ALLERERSTES LEXIKON ist ein **Wörterschatz-Buch**. Es enthält und erklärt insgesamt über 750 Wörter und Begriffe. Sind sie im Text nicht zu finden, stehen sie auf den Bildtafeln. Jedes Hauptwort steht in der Ein- und Mehrzahl da. Alle Wörter werden ganz einfach und so kurz wie möglich erklärt. Wortzusammensetzungen und Redensarten sind Zusatzangebote. Haben Wörter mehrere Bedeutungen, wird das durch * ** *** angezeigt. So lernen Kinder die Vielfalt des Wortschatzes an mehreren Beispielen kennen.

MEIN ALLERERSTES LEXIKON ist ein **Anschauungsbuch**. Es ist nicht nur zum Lesen, sondern auch zum Anschauen und Betrachten da. Bunte Bilder ergänzen und beleben die Texte. Oft sprechen die Bilder für sich, sodass Wörter überflüssig sind. Besonders dicht und reichhaltig sind die 27 großen Bildseiten zu Sammelbegriffen wie „Blume“, „Körper“, „Werkzeug“ oder „Tier“. Wenn Lisa und Ben auftauchen, geht es meistens darum, doppeldeutige Wörter wie „gehen“, „liegen“ oder „spielen“ anschaulich darzustellen.

MEIN ALLERERSTES LEXIKON ist ein **Nachschlagebuch**. Es will Kinder in die Kunst des Nachschlagens einführen. Sobald sie das Abc beherrschen, ist es an der Zeit, die danach geordneten Wörter selbst nachzuschlagen. Wer sich das Abc immer wieder vorsagt, tut sich dabei leicht. Freilich: In einem „allerersten“ Lexikon hat nur eine Auswahl aller Wörter der deutschen Sprache Platz. Deshalb soll dieses Nachschlagebuch hinführen zu einem nächsten Lexikon, das reichhaltiger ist, dafür aber mehr Lesearbeit, Geduld und Kenntnisse verlangt. Wer gelernt hat MEIN ALLERERSTES LEXIKON zu benützen – vom Kindergarten- und ersten Lesealter an –, der wird schon bald ein richtiger „Lexikaner“.

Aa

das **Abc** — Alle 26 Buchstaben von A (a) bis Z (z) sind das **Abc.**
Wörter können nach dem **Abc** geordnet werden.

Aa Bb Cc Dd Ee
Ff Gg Hh Ii Jj Kk
Ll Mm Nn Oo Pp
Qq Rr Ss Tt Uu
Vv Ww Xx Yy Zz

der **Abend**
die **Abende** — Am **Abend** ist der Tag zu Ende. Es wird dunkel. Dem **Abend** folgt die Nacht.
Am **Abend** geht Lisa zu Bett.

abtrocknen — Ben **trocknet** das Geschirr **ab**. Lisa **trocknet** sich **ab**.

Aa

der **Advent**

Advent bedeutet Ankunft. Im **Advent** freuen sich die Kinder auf das Christkind und den Heiligen Abend.
Vier Wochen vor Weihnachten beginnt die **Advent**szeit.
Der **Advent**skranz hat vier Kerzen.
An jedem **Advent**ssonntag zündest du eine neue an.

alle

Wer **alle** sagt, meint jeden ohne Ausnahme.
Alle Leute – **alle** Tage

allein

Wer ohne andere ist, ist **allein**.
Lisa ist nicht gern **allein** zu Hause.

alt

* Wer nicht mehr jung ist, ist **alt**.
** Was nicht mehr neu ist, ist auch **alt**.
Ein **altes** Haus – ein **alter** Mann

die **Ampel**
die **Ampeln**

Die **Ampel** regelt den Verkehr.
Bei Rot musst du halten,
bei Grün darfst du gehen
oder fahren.

der **Anfang**
die **Anfänge**
anfangen

Ein **Anfang** ist, wenn etwas beginnt.
Die Schule sollte später **anfangen**.
Sie **fängt** aber schon um 8 Uhr **an**.
Anfangsbuchstabe – Schul**anfang**
Aller Anfang ist schwer.

Aa

die **Angst** die **Ängste** **ängstlich**	Wer **Angst** hat, fürchtet sich sehr. Ben hat **Angst** allein im Dunkeln zu sein. „Sei nicht so **ängstlich**!“, sagt Lisa.
die **Antwort** die **Antworten** **antworten**	Wer fragt, erwartet auf seine Frage eine **Antwort**. Wer **antwortet**, erklärt etwas. Lisa denkt nach, bevor sie **antwortet**.
anziehen	Lisa **zieht** den Anorak **an**. Ben **zieht** eine Schraube **an**.

die **Apotheke** die **Apotheken**	In der **Apotheke** kannst du Medikamente kaufen.

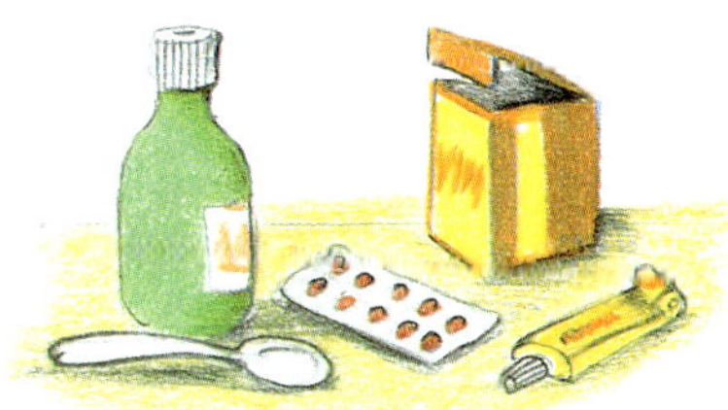

die **Arbeit** die **Arbeiten** **arbeiten**	Wer eine **Arbeit** hat, hat eine Beschäftigung. **Arbeit** macht oft Mühe. Für ihre **Arbeit** erhalten **Arbeit**erinnen und **Arbeit**er Lohn. Sie verdienen Geld. Wer keine **Arbeit** hat, ist **arbeit**slos. Mama muss heute lange **arbeiten**.

Aa

arm — Wer **arm** ist, besitzt sehr wenig.

der **Arzt**
die **Ärzte**
die **Ärztin**
die **Ärztinnen**

Arzt und **Ärztin** untersuchen die Kranken, beraten und behandeln sie.

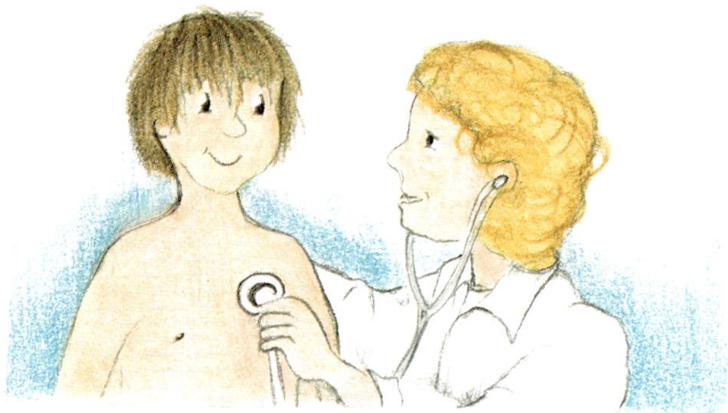

der **Ast**
die **Äste**

Der **Ast** wächst aus dem Stamm oder der Wurzel. Er ist ein Teil von einem Baum oder einem Strauch. Am **Ast** wachsen Zweige.

atmen — Wenn Lebewesen Luft holen und wieder ausstoßen, **atmen** sie.

Bb

das **Baby**
die **Babys**

Baby (*bebi*) heißt ein ganz kleines Kind. Man nennt es auch Säugling.

der **Bach**
die **Bäche**

Ein **Bach** ist ein kleiner Fluss.

backen
der **Bäcker**
die **Bäcker**
die **Bäckerei**
die **Bäckereien**

Aus Mehl und anderen Zutaten **backen** die **Bäcker** Brot und Ge**bäck**. Es wird in der **Bäckerei** hergestellt.

das **Bad**
die **Bäder**

Im **Bad** wäschst du dich. Du brauchst dazu Wasser und Seife.
Badehose – Schwimm**bad**

baden

Lisa und Ben **baden**. Lisa sitzt in der **Bade**wanne, Ben duscht.

der **Bagger**
die **Bagger**
baggern

Ein **Bagger** ist eine Baumaschine, die Erdreich ausheben und wegräumen kann. **Baggern** heißt mit dem **Bagger** arbeiten.

Bb

die **Bahn**
die **Bahnen**

Die **Bahn** ist ein vorgeschriebener Weg. Auf einer Renn**bahn** werden Wettrennen abgehalten. Die Eisen**bahn** fährt auf Schienen.

bald

Wer **bald** kommt, ist in kurzer Zeit da.

der **Ball**
die **Bälle**

* Ein **Ball** ist ein kugelrundes Spielzeug. Für viele Sportarten braucht man einen **Ball**.
** Ein **Ball** ist auch ein Tanzfest.

Ballkleid – Faschings**ball**

das **Band**
die **Bänder**

Ein **Band** ist ein schmaler Streifen aus Stoff, Leder oder Metall. Damit kannst du etwas festbinden oder zusammenhalten.

die **Bank**
die **Bänke**
die **Banken**

Eine **Bank** ist
* ein längliches Sitzmöbel, meistens aus Holz (die **Bänke**).
** ein Unternehmen, das Geld aufbewahrt und ausleiht (die **Banken**).

Spar**bank** – **Bank**konto

Bb

Bäume sind die größten Pflanzen. Sie bestehen aus Wurzeln, Stamm, Ästen, Zweigen, Blättern (Laub**bäume**) oder Nadeln (Nadel**bäume**). Der Wipfel des **Baumes** heißt auch Krone.

Nadelbäume

Lärche Tanne Kiefer Fichte

Laubbäume

Kastanie Buche Linde

Birke Eiche Pappel

Bb

basteln Mit Schere, Klebstoff und Faden lassen sich Spielsachen aus Karton, Holz und anderen Stoffen herstellen. Das nennt man **basteln**.

bauen Lisa **baut** eine Sandburg. Ben **baut** mit Holzklötzen.

der **Bauer**
die **Bauern**
die **Bäuerin**
die **Bäuerinnen**

Bauer und **Bäuerin** wohnen auf dem **Bauern**hof. Sie bauen Getreide und Gemüse an. Im Stall halten sie Vieh. Bei der schweren Arbeit helfen ihnen Maschinen.
Bauernhof – Wein**bauer**

beide Mama und Papa können **beide** Auto fahren. Alle zwei können es.

der **Berg**
die **Berge**

Ein **Berg** ist eine sehr hohe Erhebung in der Landschaft. Viele **Berge** bilden ein Gebirge.
Lisa und Ben machen gerne Ausflüge in die **Berge**.

Bb

der	**Besen**	Der **Besen** ist ein Gerät zum Kehren.
die	**Besen**	**Besen**stiel – Hand**besen**
	besuchen	Ben und Lisa **besuchen** ihre Freunde. Sie sind bei ihnen zu Gast.
	beten	Wer **betet**, spricht zu Gott.
die	**Bibel**	Die **Bibel** ist das wichtigste Buch der Christen. Sie wird auch Heilige Schrift genannt.
die	**Bibeln**	
	biegen	Lisa **biegt** sich vor Lachen. Ben will einen Ast **biegen**.

das	**Bild**	Ein **Bild** zeigt, was jemand gezeichnet, gemalt oder fotografiert hat. Du kannst **Bilder** einrahmen, aufhängen und sammeln. Ben malt mit Stiften ein **Bild**.
die	**Bilder**	

	billig	Was **billig** ist, kostet nicht viel Geld. Das Gegenteil von **billig** ist teuer.

Bb

binden — Lisa **bindet** einen Blumenkranz.
Ben **bindet** die Schuhbänder.

bitten — Wer höflich nach etwas fragt, um es zu bekommen, **bittet**.
Ben **bittet** um ein Glas Wasser.

das **Blatt**
die **Blätter** — Ein **Blatt** ist
* ein Teil einer Pflanze.
** ein Stück Papier.

bleiben — Wer **bleibt**, geht nicht weg.

der **Bleistift**
die **Bleistifte** — Der **Bleistift** ist ein Gerät zum Schreiben und Zeichnen.

blind — Wer nicht sehen kann, ist **blind**.
Blinde lesen **Blinden**schrift.

der **Blitz**
die **Blitze** — Der **Blitz** ist ein plötzliches Aufleuchten während eines Gewitters.
Wie ein Blitz aus heiterem Himmel.

Bb

Blumen sind Pflanzen, die Blüten tragen. Es gibt **Blumen** in vielen Farben und Formen.

Bb

die **Blockflöte** die **Blockflöten**	Die **Blockflöte** ist ein Blasinstrument aus Holz. Beim Hineinblasen entstehen durch das Verschließen der Grifflöcher Töne.
das **Blut** **bluten**	**Blut** ist die rote Flüssigkeit, die durch die Adern deines Körpers fließt. Wer **Blut** verliert, **blutet**.
bohren	Lisa **bohrt** in der Nase. Ben **bohrt** ein Loch in ein Brett.

böse	Das Gegenteil von gut ist **böse**. Ben ist **böse** auf Lisa, weil sie ihn geärgert hat.
brav	Wer nichts Schlimmes anstellt, ist **brav**.
der **Brei**	Kleine Kinder essen gern einen dicken **Brei** aus Gries und Milch, den Gries**brei**.
breit	Das Gegenteil von schmal und eng ist **breit**.

Bb

die **Bremse**
die **Bremsen**

Eine **Bremse** ist
* eine Vorrichtung, die ein Fahrrad oder ein Auto stoppt.
** ein Insekt.

brennen

Was **brennt**, steht in Flammen. Brennende Gegenstände sind glühend heiß und leuchten.
Brennen können
* Kerzen.
** Schmerzen.

der **Brief**
die **Briefe**

Ein **Brief** ist ein Schriftstück in einem Umschlag. **Briefe** werden meistens mit der Post befördert.
Briefmarke – Leser**brief**

die **Brille**
die **Brillen**

Kinder, die nicht gut sehen, tragen eine **Brille**. Die Sonnen**brille** schützt vor Sonnenlicht.

bringen

Wer jemandem etwas hinträgt, **bringt** ihm etwas.

das **Brot**
die **Brote**
das **Brötchen**
die **Brötchen**

Brot ist ein Gebäck aus Mehl, Wasser, Salz und einem Treibmittel.
Es ist ein sehr wichtiges Nahrungsmittel.
Ein kleines **Brot** ist ein **Brötchen**.

Bb

die **Brücke**
die **Brücken**

Die **Brücke** führt
über einen Fluss,
eine Straße,
oder Schlucht.
Brückengeländer –
Eisenbahn**brücke**

der **Brunnen**
die **Brunnen**

Aus einem **Brunnen**
kann man Wasser
schöpfen oder pumpen.

das **Buch**
die **Bücher**

Ein **Buch** besteht aus Seiten,
die zwischen zwei **Buch**deckeln
gebunden sind. Es enthält Texte
und Bilder.
In **Büchere**ien werden **Bücher**
gesammelt und ausgeliehen.
Buchstabe – Bilder**buch**
Du redest wie ein Buch.

bunt

Ein **buntes** Bild hat viele Farben.

die **Burg**
die **Burgen**

Burgen sind
befestigte
Gebäudeanlagen,
in denen früher
die Ritter wohnten.

die **Bürste**
die **Bürsten**
bürsten

Eine **Bürste** ist ein Gerät mit Borsten
zum Reinigen oder Glätten.
Lisa **bürstet**
ihr Haar.

Cc

der **Camping-platz**
die **Camping-plätze**

Auf dem **Campingplatz** stehen Wohnwägen und Zelte. Camping ist ein Freizeitvergnügen. Es ist schön und gesund, in freier Natur die Ferien zu verbringen.

der **Christ**
die **Christen**
die **Christin**
die **Christinnen**
das **Christentum**

Christen glauben, was Christus, der Sohn Gottes, gelehrt hat, als er auf Erden war. Das **Christentum** ist eine weltweit verbreitete Religion.

der **Clown**
die **Clowns**

Der **Clown** (*klaun*) ist der Spaßmacher im Zirkus. Er bringt die Zuschauer zum Lachen.

der **Comic**
die **Comics**

Lustige, bunte Bildergeschichten mit Sprechblasen und wenig Text sind **Comics**. Lisa liest **Comics** gern. Ben tauscht für Lisa **Comics** ein.

die **Creme**
die **Cremes**

Creme (*krem*) ist
* eine Salbe, zum Beispiel für die Hände (Haut**creme**).
** eine feine, sahnige Süßspeise (**Creme**torte).

Dd

das **Dach** die **Dächer**	Das **Dach** schützt das Haus. Es kann aus Ziegeln, Blech oder Reet sein. **Dach**boden – Haus**dach**

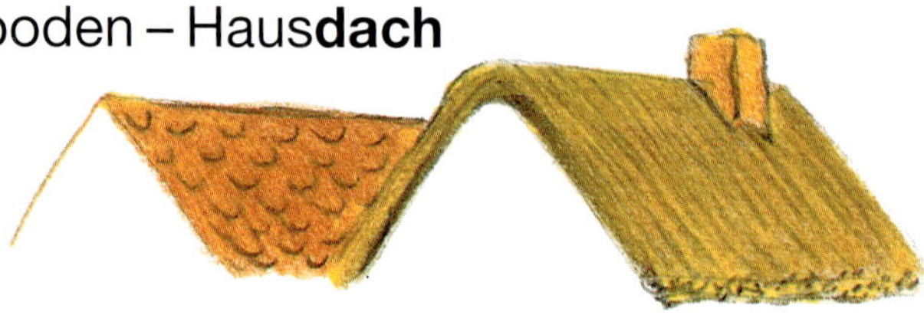

danken	Wer etwas bekommt, **dankt** dafür. Er sagt: „**Danke**!“
die **Decke** die **Decken**	Eine **Decke** ist * ein Tuch zum Ausbreiten für Bett oder Tisch. ** der obere Abschluss des Zimmers.
denken	Wer überlegt, **denkt**.
dick	Das Gegenteil von dünn oder schmal ist **dick**. Ein **dicker** Mann – ein **dickes** Buch
das **Ding** die **Dinge**	Ein **Ding** ist eine Sache. **Das ist ein Ding!**
der **Dinosaurier** die **Dinosaurier**	Die **Dinosaurier** sind große Echsen, die vor vielen Millionen Jahren auf dem Festland lebten. Sie waren schon ausgestorben, bevor es Menschen gab.

Dd

der **Donner** / **donnern** — Beim Gewitter folgt der **Donner** dem Blitz. Keine Angst, wenn es **donnert**!

doppelt — Was zweifach ist, ist **doppelt**.
Doppelt gemoppelt!

der **Drache** / die **Drachen** — Der **Drache** ist ein gefürchtetes Ungeheuer in Sagen und Märchen. Er hat Flügel und kann Feuer speien.

der **Drachen** / die **Drachen** — Der **Drachen** ist ein buntes Spielgerät aus Papier oder Stoff. Er steigt an einer langen Schnur hoch.

der **Dreck** / **dreckig** — **Dreck** ist Schmutz.
Dreckige Schuhe sind schmutzig.

Dd

drehen Ben **dreht** den Hahn auf. Lisa **dreht** sich nach Ben um.

dumm Wer nicht gescheit ist, ist **dumm**.

dunkel Das Gegenteil von **dunkel** ist hell.
Ein **dunkles** Zimmer – **dunkles** Haar

dünn Das Gegenteil von dick ist **dünn**.
Ein **dünnes** Kleid – **dünnes** Papier

der **Durst** Wer **Durst** hat, möchte trinken.
durstig Nicht nur Menschen, sondern auch
Tiere und Pflanzen sind **durstig**.

Ee

	eben	* Die Landschaft ist **eben**. Sie ist flach. ** Die Mutter ist **eben** gekommen, also vor wenigen Augenblicken.
	echt	Was **echt** ist, ist wahr oder richtig.
die die	**Ecke** **Ecken** **eckig**	Eine **Ecke** entsteht, wenn zwei Flächen oder Linien zusammentreffen. Ein Zimmer hat vier **Ecken**. **Eckig** ist das Gegenteil von rund.
	eilen **eilig**	Wer **eilen** muss, hat keine Zeit. Er hat es **eilig**.
der die	**Eimer** **Eimer**	Ein **Eimer** ist ein Behälter mit einem Henkel. Es gibt Wasser**eimer**, Sand**eimer** und Müll**eimer**.

	einmal	„Es war **einmal** …“ So fangen alle Märchen an.
das	**Eis**	* **Eis** ist gefrorenes Wasser. Auf der **Eis**bahn kannst du Schlittschuh laufen. ** **Eis** am Stiel oder im Becher ist eine kalte Süßigkeit. **Eis** schmeckt lecker. **Eis**bär – Vanille**eis**

das die	**Ende** **Enden**	Das **Ende** ist der Schluss. Das **Ende** des Tages ist der Abend.

Ee

Unsere **Erde** ist ein Planet des Sonnensystems. Sie hat die Form einer Kugel. Auf ihr wohnen Menschen und Tiere. In einem Jahr dreht sich die **Erde** einmal um die Sonne.

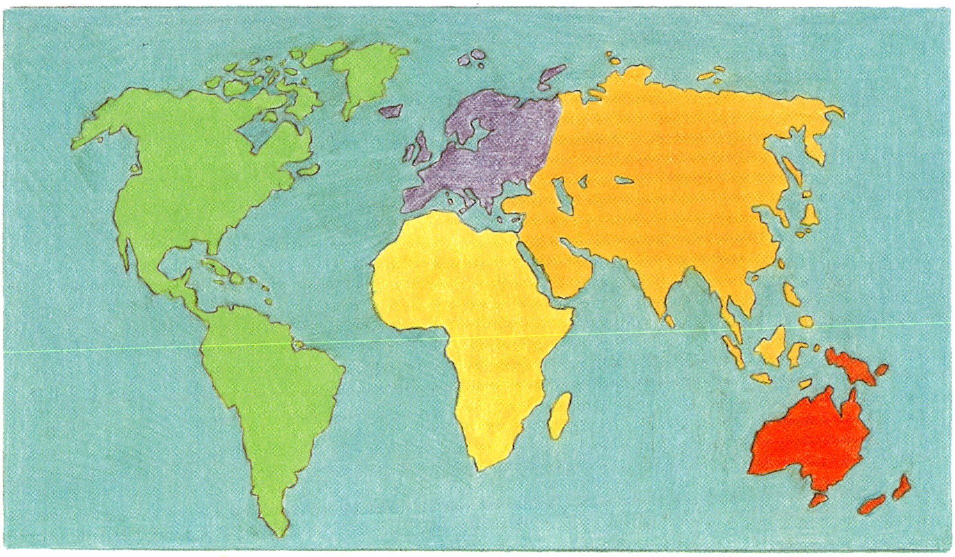

Nord-, Süd- und Mittelamerika

Afrika

Asien

Europa

Australien und Ozeanien

Ee

endlich	Papa muss lange warten, bis Mama **endlich** kommt.
eng	Ein **enger** Pullover ist schmal, nicht weit. Eine **enge** Hose – ein **enges** Tal
der **Engel** die **Engel**	**Engel** sind himmlische Wesen. Sie sind Boten und Beschützer des Menschen. Es gibt sie nur in der Fantasie.
die **Ernte** die **Ernten** **ernten**	Wenn reife Früchte aus dem Garten und vom Feld eingebracht werden, ist die Zeit der **Ernte**.
der **Erwachsene** die **Erwachse-nen** **erwachsen**	Die Menschen, die schon groß sind, heißen **Erwachsene**. Mit 18 Jahren ist man **erwachsen** und volljährig. Bens Bruder ist schon **erwachsen**.
erzählen	Papa **erzählt** eine Gutenacht-Geschichte. Lisa **erzählt** Ben ihr Geheimnis.
essen	Lisa **isst** gern Obst. Ben gibt der Katze zu **essen**.

① Schinken
② Salami
③ Wurst
④ Pommes frites
⑤ Pfannkuchen
⑥ Fisch
⑦ Knödel
⑧ Nudeln
⑨ Bonbon
⑩ Torte
⑪ Jogurt
⑫ Brot
⑬ Eis
⑭ Ei

⑮ Butter
⑯ Brezel
⑰ Käse
⑱ Plätzchen

Essen und Trinken

① Milch
② Limo
③ Mineralwasser
④ Tee
⑤ Saft
⑥ Malzbier
⑦ Kinderkola

Ee

Europa ist der zweitkleinste Erdteil. Deutschland, Österreich und die Schweiz liegen in **Europa**.

Eine Auswahl der Landesflaggen:

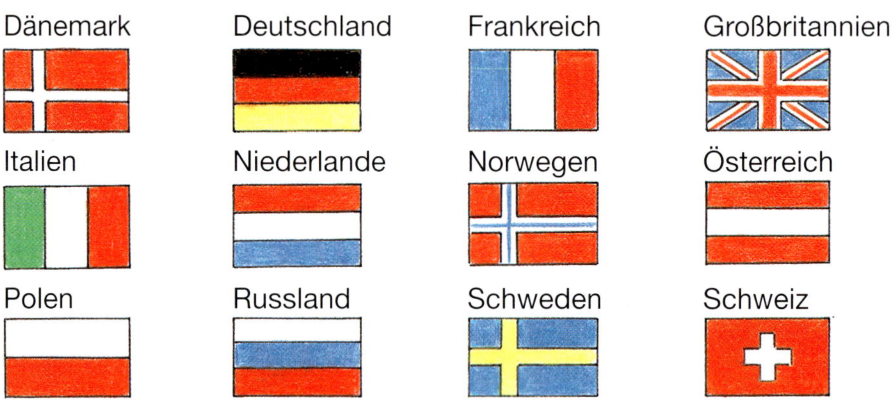

Ff

der **Faden**
die **Fäden**

Zum Nähen und Stopfen wird ein **Faden** gebraucht. Er wird in die Nadel einge**fädelt**.
Sie hat den Faden verloren.

fahren

Wer ein Fahrzeug benutzt, **fährt** damit.
Auto **fahren** – mit der Bahn **fahren** – Rad **fahren**

falsch

Was nicht richtig oder echt ist, ist **falsch**.
Der **falsche** Weg – **falsches** Geld

die **Familie**
die **Familien**

Eltern und Kinder bilden zusammen eine **Familie**.
Familienname – Groß**familie**

fangen

Lisa und Ben spielen **Fangen**.
Der Angler will einen Fisch **fangen**.

faul
faulenzen

* Verdorbenes Obst ist **faul**.
** Wer **faul** ist, hat keine Lust zu arbeiten.
Faulenzer bleiben morgens gerne lange im Bett.

Ballon

Fahrzeuge sind Maschinen zum Fahren und zum Befördern von Personen und Lasten.

Hubschrauber
Flugzeug
Bus
Feuerwehr-
auto
Fähre
Mara Reisen
LKW
SCHULTZ
bringt
Krankenwagen
Polizeiauto
POLIZEI
PKW

Ff

Farben machen Gegenstände bunt. Die schönsten **Farben** sind in der Natur. Mit **Farben** werden Kleidung, Bilder, Wände und Fahrzeuge schön gestaltet.

Farbpalette

Farbkreis
Gelb, Rot und Blau sind Grundfarben.
Grün, Orange und Violett sind Mischfarben.

Fingerfarben

Buntstifte

Pinsel

Wasserfarben

Ff

die **Feder** die **Federn** **federn**	Eine **Feder** ist * ein Schreibgerät. ** ein Teil des Vogelkleides. *** ein gedrehtes Metallteil, das **federt**. **Feder**mäppchen – Vogel**feder**

fehlen	Wer (in der Schule) nicht da ist, **fehlt**.
der **Fehler** die **Fehler**	**Fehler** sind Mängel, Irrtümer. Lisa hat einen **Fehler** gemacht.
feiern	In der Familie **feiern** wir viele Feste, zum Beispiel den Geburtstag, die Hochzeit oder Weihnachten.
fein	**Fein** ist * dünnes Papier. ** ein leckeres Essen. *** ein kostbares Kleid.
das **Feld** die **Felder**	Der Bauer bestellt das **Feld**. Er baut auf ihm Getreide, Kartoffeln, Gemüse und Futterpflanzen an. Nach der Ernte wird das **Feld** umgepflügt.
das **Fenster** die **Fenster**	Ein **Fenster** ist eine Öffnung in der Wand. Du kannst es öffnen und schließen. **Fenster**scheibe – Küchen**fenster**

Ff

die **Ferien**

Lehrer und Schüler haben zwischen den Schulzeiten **Ferien**. Die **Ferien** sind zur Erholung da.
Ferientag – Sommer**ferien**

fernsehen
der **Fernseher**
die **Fernseher**

Der **Fernseher** ist ein elektronisches Gerät. Er strahlt Bilder und Töne aus.
Im **Fernsehen** gibt es Filme, Nachrichtensendungen und Spielshows.

fertig

* Das Essen ist **fertig** (gar).
** Ben ist mit allem **fertig** (zu Ende gekommen).

das **Fest**
die **Feste**

Wenn du Geburtstag hast, feierst du ein **Fest**. Zu einem schönen **Fest** gehören Musik und Tanz, gutes Essen und nette Gäste.
Festessen – Schul**fest**

fett

Das Gegenteil von mager ist **fett**.
Ein **fettes** Schwein – ein **fetter** Happen

das **Feuer**
die **Feuer**

Feuer entsteht, wenn etwas in Brand gerät. Im Kamin wird mit Holz **Feuer** gemacht.
Feuerwehr – Lager**feuer**
Er ist Feuer und Flamme.

Ff

die **Fibel**
die **Fibeln**

Das Buch, mit dem du lesen lernst, ist die **Fibel**.

das **Fieber**
das **Fieber-thermometer**
die **Fieber-thermometer**

Mit dem **Fieberthermometer** kannst du messen, wie hoch das **Fieber** ist. Das Gerät gibt die Höhe des **Fiebers** (also der erhöhten Körperwärme) in Graden an.
38° bedeutet: Dein Körper ist 38 Grad warm.

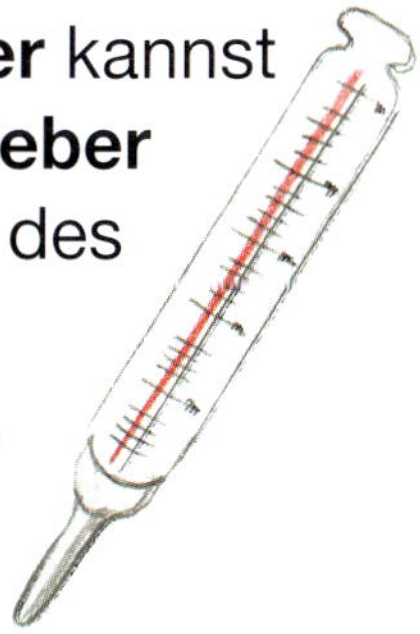

der **Film**
die **Filme**

Ein **Film** ist
* ein Streifen im Fotoapparat.
** ein verfilmtes Spiel im Kino, im Fernsehen oder auf Video.

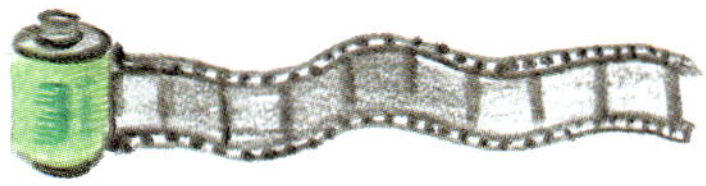

finden

Du bist froh, wenn du wieder **findest**, was du verloren hast.
Wer sucht, der findet.

flach

Eine **flache** Landschaft ist eben, nicht hügelig.

die **Flasche**
die **Flaschen**

Babys trinken Milch und Brei aus der **Flasche**.
Flaschen sind praktische Behälter für viele Arten von Flüssigkeit.
Sie können aus Glas oder Plastik sein.
Flaschenpost – Milch**flasche**

Ff

der **Fleck** die **Flecken**	Eine verschmutzte Stelle auf Stoff, auf der Haut oder an der Wand ist ein **Fleck**. **Flecken** können entfernt werden. **Flecken**entferner – Fett**fleck**
fleißig	Wer unermüdlich arbeitet, ist **fleißig**.
fliegen	Vögel können **fliegen**. Mit dem Flugzeug kannst du in ein anderes Land **fliegen**.
der **Fluss** die **Flüsse**	Ein **Fluss** ist ein fließendes Gewässer. Auf manchen **Flüssen** fahren Schiffe. Ein großer **Fluss** heißt Strom, ein kleiner **Fluss** Bach.
das **Foto** die **Fotos**	Ein **Foto** ist ein Bild, das mit einem **Foto**apparat gemacht wurde. In ein **Foto**album klebst du deine **Fotos** ein.
die **Frage** die **Fragen** **fragen**	Wer etwas wissen will, kann jemanden **fragen**. Nicht auf jede **Frage** gibt es eine Antwort.
die **Frau** die **Frauen**	Eine erwachsene, weibliche Person ist eine **Frau**. Sie wird mit diesem Wort auch angeredet: „**Frau** Müller“.
frech	Lisa war **frech** zu Ben. Sie hat ihn geärgert.

Ff

Die **Form** ist der Umriss von etwas. Es gibt runde und eckige **Formen**.

Flache Formen

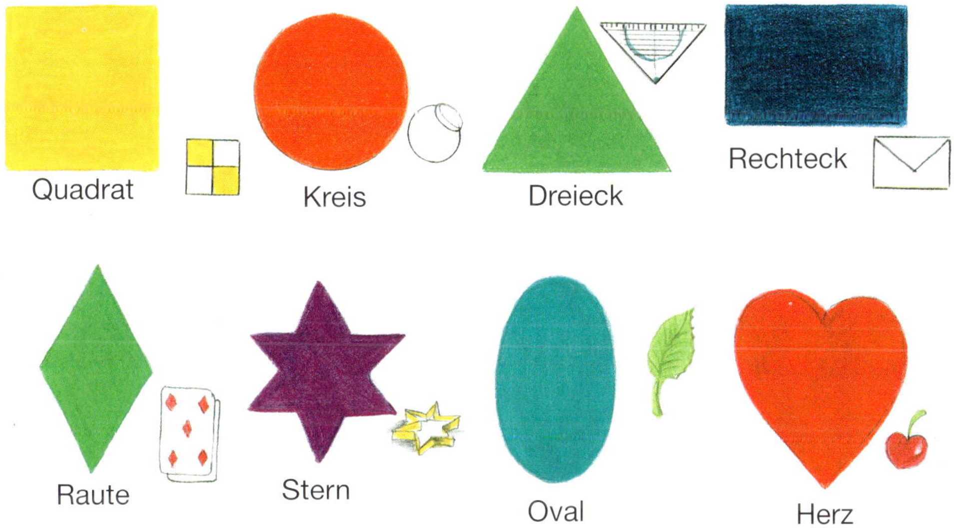

Volle Formen

Ff

frei	**Frei** ist * ein Platz, der nicht belegt ist. ** ein Gefangener, der aus dem Gefängnis entlassen wurde. *** ein Mensch, der tun kann, was er will.
fremd	Wer seine Heimat verlässt, ist **fremd** im anderen Land. Er kann eine **Fremd**sprache lernen.
fressen	Ein Tier **frisst**, wenn es Nahrung aufnimmt. **Ich hab dich zum Fressen gern.**
die **Freude** die **Freuden** sich **freuen**	Das Gegenteil von Trauer ist **Freude**. Lisa **freut** sich über ein schönes Geschenk.
der **Freund** die **Freunde** die **Freundin** die **Freundinnen**	Lisa und Ben sind **Freunde**. Sie mögen sich und helfen einander. Sie sind gerne zusammen.
freundlich	**Freundlich** ist, wer sich nett und hilfsbereit verhält.
der **Frieden** **friedlich**	Wenn Feinde **Frieden** schließen, kämpfen sie nicht mehr. Das Gegenteil von Krieg ist **Frieden**. Ben ist **friedlich**. Er tut niemandem etwas Böses.

Ff

frieren	Wenn es kalt ist, musst du manchmal **frieren**.
froh	Wer **froh** ist, freut sich über etwas. Sei **froh**, dass du gesund bist!
die **Frucht** die **Früchte**	Viele Pflanzen tragen **Früchte**. In der **Frucht** ist der Samen einer Pflanze. Manche **Früchte** sind essbar.

früh	Ben steht **früh** am Morgen auf. Er ist ein **Früh**aufsteher.
fühlen	Ben **fühlt** sich nicht wohl. Der Arzt muss seinen Puls **fühlen**.

füllen der **Füller** die **Füller**	Der **Füller** ist ein Schreibgerät, in das eine Patrone eingelegt wird.

das **Futter**	**Futter** ist * Nahrung für Tiere. ** der Innenstoff in einem Kleidungsstück.

Gg

ganz	Etwas ist **ganz**, wenn es vollständig ist. Ein **ganzes** Brot – ein **ganzer** Satz
der **Garten** die **Gärten** der **Gärtner** die **Gärtner**	Im **Garten** wachsen Blumen, Kräuter, Gemüse und Obst. Der **Gärtner** pflegt den **Garten**.
der **Gast** die **Gäste**	Lisa hat **Gäste**. Sie sind bei ihr zu Besuch.
geben	Die Mutter **gibt** Lisa Geld. Zwei Leute **geben** sich zur Begrüßung die Hand. Ben **gibt** Lisa einen Rat.
der **Geburtstag** die **Geburtstage**	Der Tag, an dem jemand geboren wird, ist sein **Geburtstag**. Morgen feiert Lisa **Geburtstag**.
gehen	Ben und Lisa **gehen** in die Schule. Die Uhr **geht** nicht.

Gg

die **Geige** die **Geigen**	Die **Geige**, auch Violine genannt, ist ein Streichinstrument mit vier Saiten. Sie werden mit dem **Geigen**bogen gestrichen.
das **Geld** die **Gelder**	**Geld** ist ein Zahlungsmittel. Du kannst mit Münzen (Klein**geld**) und Scheinen (Papier**geld**) bezahlen. **Geld**beutel – Taschen**geld**
genau	Wer etwas **genau** kennt, weiß gut Bescheid. Ben kennt den Weg **genau**.
genug	Lisa hat **genug** zu essen bekommen. Sie ist satt.
gerade	**Gerade** kann bedeuten: * nicht krumm. ** in diesem Augenblick.
gern	Lisa liest **gern**. Sie mag Bücher.
das **Geschäft** die **Geschäfte**	**Geschäfte** sind Läden, in denen du einkaufst. Ein **Geschäft**smann macht **Geschäfte**. Er kauft und verkauft.
das **Geschenk** die **Geschenke**	Ein **Geschenk** ist eine Gabe zum Geburtstag oder zu Weihnachten. **Geschenk**papier – Geburtstags**geschenk**

Gg

Gemüse

Wurzelgemüse
Radieschen
Möhren
Sellerie
Rettich
Rote Beete
Blattgemüse
Mangold
Feldsalat
Spinat
Kopfsalat
Knollengemüse: Kartoffeln
Frucht- und Samengemüse
Kürbis
Paprika
Tomate
Erbsen
Gurke
Bohnen
Zucchini
Sprossgemüse
Blumenkohl
Broccoli
Rotkohl
Spargel
Kohlrabi
Rosenkohl
Weißkohl

Gg

die **Geschichte** die **Geschichten**	* **Geschichte** sind die Ereignisse, die in der Vergangenheit geschehen sind. ** Eine Erzählung heißt ebenfalls **Geschichte**.
gestern	Der vergangene Tag war **gestern**.
gesund die **Gesundheit**	Wer nicht krank ist, ist **gesund**. Viel Bewegung, richtige Ernährung und ausreichende Erholung tragen zur **Gesundheit** bei. **Lachen ist gesund.**
das **Getreide**	Gräser mit Körnerfrüchten, die auf Feldern angebaut werden, heißen **Getreide**. **Getreide**arten sind Weizen, Roggen, Gerste, Hafer, Mais, Hirse und Reis.  **Getreide**mühle – **Getreide**speicher
das **Gewitter** die **Gewitter**	Bei einem **Gewitter** blitzt, donnert und regnet es.
das **Glas** die **Gläser**	**Glas** ist * ein durchsichtiges Material zum Bauen (Fenster**glas**, **Glas**bausteine). Aus **Glas** werden auch Flaschen und Spiegel hergestellt. ** ein Trinkgefäß.

Gg

Teller und Tassen, Schüsseln und Töpfe nennen wir **Geschirr**. Das Besteck besteht aus Löffel, Gabel und Messer. **Geschirr** und Besteck müssen nach dem Essen gespült werden.

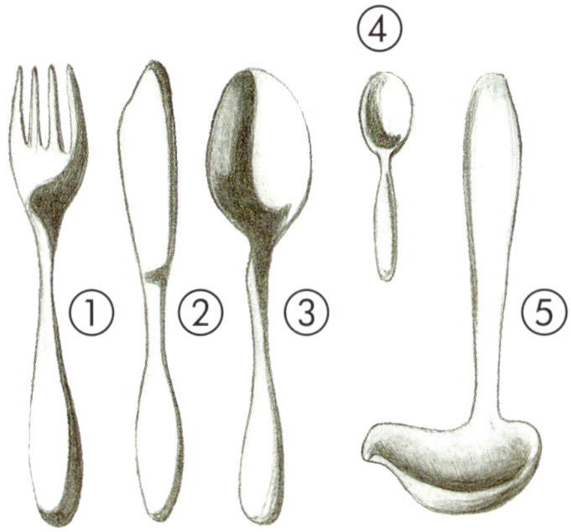

① Gabel
② Messer
③ Löffel
④ kleiner Löffel (Kaffeelöffel)
⑤ Schöpflöffel

① Platte
② kleiner Teller
③ Kanne
④ großer Teller
⑤ tiefer Teller
⑥ Glas
⑦ Tasse und Untertasse
⑧ Kännchen
⑨ Becher

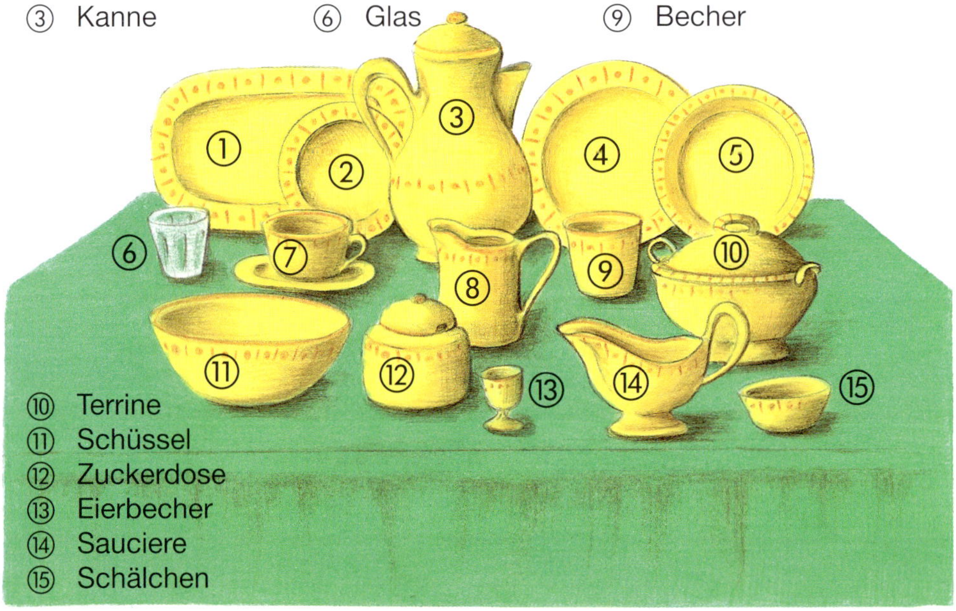

⑩ Terrine
⑪ Schüssel
⑫ Zuckerdose
⑬ Eierbecher
⑭ Sauciere
⑮ Schälchen

Gg

glatt

Das Gegenteil von rau ist **glatt**.
Eine **glatte** Fläche – eine **glatte** Lüge

glauben

Wer **glaubt**, hält etwas für wahr, ohne es ganz sicher zu wissen.

gleich

* Ben und Fred sind **gleich** groß.
** Lisa kommt **gleich**. Sie wird sofort da sein.

die **Glocke**
die **Glocken**
das **Glöckchen**

Glocken sind aus Metall. Wenn man sie hin- und herbewegt, läuten sie.
Zum Gottesdienst läuten in der Kirche die **Glocken**.

das **Glück**

Das Gegenteil von Un**glück** (Pech) ist **Glück**. Wer jemandem **Glück** wünscht, will, dass ihm nichts Schlimmes zustößt.

das **Gold**

Gold ist ein gelblich glänzendes Edelmetall. Es ist sehr wertvoll und wird zu Schmuck und Münzen verarbeitet.

der **Gott**
die **Götter**

Das höchste Wesen, das die Menschen anbeten, nennen sie **Gott**. Sie glauben, dass **Gott** der Schöpfer aller Dinge ist. Er beschützt sie und bestimmt ihr Schicksal.
Am Sonntag ist **Gott**esdienst.

Gg

der **Graben**
die **Gräben**
graben

Ein **Graben** ist eine längliche Vertiefung in der Erde. Er wird mit einem Spaten ausgehoben.

das **Gras**
die **Gräser**

Gras wächst auf der Wiese. **Gras**halme sind sehr biegsam. Im Frühling ist das **Gras** grün und saftig, im Herbst wird es dürr.

greifen

Ben **greift** den Hund beim Schwanz. Lisa **greift** nach dem Buch.

die **Grippe**

Wer erkältet und fiebrig ist, hat vielleicht **Grippe**. Bei **Grippe** helfen Tee, Schwitzen und Bettruhe. **Grippe** ist eine ansteckende Krankheit. Sie wird durch Viren ausgelöst.

groß

Das Gegenteil von klein ist **groß**.
Ein **großer** Mensch – ein **großes** Fest

Gg

die **Grundschule** Alle Kinder gehen mit sechs Jahren
die **Grund-schulen** in die **Grundschule**. Dort lernen sie Lesen, Schreiben, Rechnen und Sachkunde. Die Kinder einer Klasse sind eine Gemeinschaft.

der **Gurt**
die **Gurte**
Das feste Band, mit dem du dich im Auto anschnallst, heißt **Gurt**.

gut
Gut ist das Gegenteil von
* schlecht (Wetter).
** böse (Fee).

Hh

haben — Wer etwas **hat**, besitzt etwas.
Geld **haben** – Hunger **haben**

der **Hafen**
die **Häfen** — Der **Hafen** ist ein Anlegeplatz für Schiffe.
Hafenstadt – Boots**hafen**

der **Hahn**
die **Hähne** — Ein **Hahn** ist
* das männliche Huhn.
** der Verschluss einer Wasserleitung (Wasser**hahn**).

halb — Was **halb** ist, besteht aus einer Hälfte.
Ben hat sein Glas **halb** leer getrunken.
Ein **halber** Liter – eine **halbe** Stunde

die **Hälfte**
die **Hälften** — Zwei **Hälften** bilden ein Ganzes. Einen Apfel kannst du in zwei **Hälften** teilen.

halten — Lisa **hält** den Schirm. Ben ist froh, dass der Bus **hält**.

Hh

hart	Das Gegenteil von weich ist **hart**. **Hartes** Holz – ein **harter** Kern
das **Heft** die **Hefte**	**Hefte** sind aus Papier. Sie sehen wie dünne Bücher aus. In deine Schul**hefte** schreibst du hinein. Es gibt linierte und karierte **Hefte**.
heiß	**Heißer** Tee ist sehr warm.
heizen die **Heizung** die **Heizungen**	Wenn es kalt ist, **heizen** wir. Die **Heizung** ist eine Anlage im Haus, die Wärme spendet. Sie wird mit Holz, Kohle, **Heiz**öl, elektrischem Strom oder Erdgas betrieben.
helfen	Wer andere unterstützt, **hilft** ihnen. Es gibt viele Gelegenheiten, anderen zu **helfen**.
hell	Das Gegenteil von dunkel ist **hell**.
der **Herd** die **Herde**	Auf dem **Herd** wird das Essen gekocht. Die meisten **Herde** werden mit Strom oder Gas beheizt. Elektro**herde** haben Kochplatten.

Hh

der **Herr**
die **Herren**

Ein Mann wird mit „**Herr**“ angeredet: „**Herr** Müller“.

das **Heu**

Heu ist getrocknetes Gras.
Heu fressen Pferde und Kühe.

heute

Der jetzige Tag ist **heute**.
Ben geht **heute** zum Arzt, nicht morgen.

die **Hexe**
die **Hexen**

Im Märchen ist die **Hexe** eine alte, hässliche Frau, die zaubern kann.
Vor langer Zeit wurden Frauen als **Hexen** gefoltert und verbrannt, weil sie eines bösen Zaubers verdächtigt wurden.

hier

Was **hier** geschieht, geschieht an dieser Stelle.

die **Hilfe**
die **Hilfen**

Wer anderen beisteht, leistet **Hilfe**.
Erste **Hilfe** ist bei Unfällen oft wichtig.
Wer „**Hilfe**!“ ruft, ist in Not.

der **Himmel**

Himmel nennen wir den Teil des Weltalls, den wir über uns sehen.
Sonne, Mond und Sterne stehen am **Himmel**. Man nennt sie **Himmel**s-körper.

Hh

hoch	Das Gegenteil von niedrig ist **hoch**. Ein **hohes** Haus – eine **hohe** Stirn
der **Hof** die **Höfe**	Ein **Hof** ist ein umschlossener Platz zwischen Gebäuden. **Hof**tor – Bauern**hof** – Schul**hof**
hoffen die **Hoffnung**	Wer **hofft**, vertraut dem, was kommt. Er möchte, dass etwas geschieht. Dabei ist er zuversichtlich, dass es auch eintreffen wird. Ben **hofft**, dass seine Oma bald gesund wird. Er hat **Hoffnung**.
das **Holz** die **Hölzer**	Gefällte Bäume liefern **Holz**. Aus **Holz** werden viele Dinge gebaut, z. B. Brücken, Türen und Zäune, aber auch Spielzeug und Möbel. 
der **Honig**	Bienen stellen **Honig** her. **Honig** ist eine süße, klebrige Masse, die gut auf Butterbrot schmeckt. 
hören	Mit den Ohren **hören** wir Töne und Geräusche. Es ist wichtig, gut zu **hören**.

Hh

das **Hotel**
die **Hotels**

In einem **Hotel** kann jeder ein Zimmer mieten. Ben übernachtet im **Hotel**.
Hotelzimmer – Strand**hotel**

der **Hunger**
hungern

Wer lange nichts zu essen bekommt, hat **Hunger**. Viele Menschen auf der Erde müssen **hungern**.

der **Husten**
husten

Zu einer Erkältung gehört meistens ein **Husten**. Wenn es im Hals kratzt, musst du **husten**.
Hustensaft – Keuch**husten**

die **Hütte**
die **Hütten**

Eine **Hütte** ist ein kleines Haus. In armen Ländern wohnen Menschen in **Hütten**. Bergwanderer suchen in **Hütten** Schutz.
Raum ist in der kleinsten Hütte.

immer — Das Wort **immer** bedeutet jedes Mal. Im Winter geht Ben **immer** Ski laufen.

der **Indianer**
die **Indianer** — Als der Seefahrer Christoph Kolumbus vor mehr als 500 Jahren den amerikanischen Kontinent entdeckte, glaubte er in Indien zu sein. Deshalb nannte er die Menschen dort **Indianer**. Die meisten **Indianer**stämme wurden von den Weißen fast ausgerottet.

die **Insel**
die **Inseln** — Eine **Insel** ist ein Stück Land, das von Wasser umgeben ist. **Inseln** gibt es im Meer, in Seen und in Flüssen.

Jahr und Tag

Die Jahreszeiten

Die Monate

	1. Halbjahr	2. Halbjahr	
1. Vierteljahr	1. Januar	7. Juli	3. Vierteljahr
	2. Februar	8. August	
	3. März	9. September	
2. Vierteljahr	4. April	10. Oktober	4. Vierteljahr
	5. Mai	11. November	
	6. Juni	12. Dezember	

Die Tageszeiten

Morgen
Vormittag
Mittag
Nachmittag
Abend
Nacht

Die Uhrzeiten

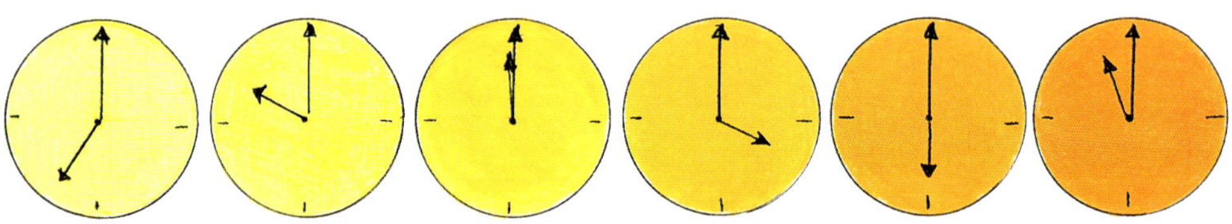

7 (19) Uhr   10 (22) Uhr   12 (24) Uhr   16 (4) Uhr   18 (6) Uhr   23 (11) Uhr

Jj

die **Jagd** **jagen** der **Jäger** die **Jäger**	Wild wird ge**jagt**. Der **Jäger** geht auf die **Jagd**. Dabei erlegt er das Wild mit dem Gewehr.

jede **jeder** **jedes**	Alle ohne Ausnahme meint **jede**, **jeden** und **jedes**. Lisa kennt **jeden** ihrer Nachbarn. Ben macht **jede** Dummheit mit.
jetzt	Zu diesem Zeitpunkt heißt **jetzt**. Äpfel sind **jetzt** billig.
jung	Das Gegenteil von alt ist **jung**. Anna ist zwanzig Jahre alt. Sie ist eine **junge** Frau.
der **Junge** die **Jungen**	Ein **Junge** ist ein männliches Kind. Aus einem **Jungen** wird ein Mann.

Kk

kalt	Das Gegenteil von warm und heiß ist **kalt**. **Kalter** Kaffee – **kalte** Hände
der **Kamm** die **Kämme** **kämmen**	Mit dem **Kamm** frisierst du dein Haar. Mädchen tragen oft **Kämme** im Haar.
der **Kanal** die **Kanäle**	Der **Kanal** ist eine künstliche Wasserstraße, die Flüsse miteinander verbindet. Auf Flüssen und **Kanälen** können Schiffe fahren.
die **Karte** die **Karten**	**Karten** sind * Papierstücke zum Beschreiben (Ansichts**karten**). ** faltbare Papiere mit verkleinerten Bildern von Ländern und Städten (Land**karten**).
der **Kasten** die **Kästen**	Ein **Kasten** ist * ein Behälter aus Holz oder Kunststoff. ** ein Möbelstück.
die **Kassette** die **Kassetten**	Es gibt **Kassetten**, in denen ein Band ist. Darauf kann ein Film (Video**kassette**) oder Musik (Musik-**kassette**) gespeichert sein.

Kk

kauen	Wenn du isst, zerkleinerst du die Speisen mit den Zähnen. Das nennt man **kauen**.
kaufen das **Kaufhaus** die **Kaufhäuser**	Wenn du etwas **kaufst**, tauschst du Geld gegen eine Ware. Im **Kaufhaus** gibt es fast alles zu **kaufen**, was täglich gebraucht wird. Die Waren sind dort in Abteilungen geordnet.
der **Keks** die **Kekse**	Ein **Keks** ist ein haltbares, trockenes Gebäck. Es kann süß oder gesalzen sein. **Kekse** kann man in Dosen aufbewahren.

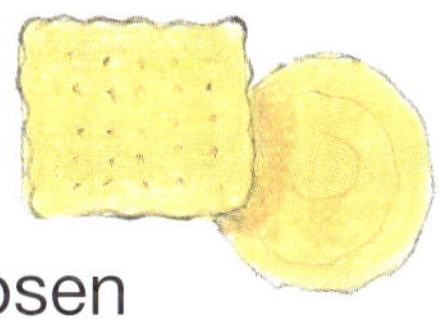

der **Keller** die **Keller**	Der unterste Teil eines Hauses ist der **Keller**. Dort kann man Dinge lagern, die in der Wohnung keinen Platz haben.
der **Kellner** die **Kellner** die **Kellnerin** die **Kellnerinnen**	In Gaststätten bedienen **Kellnerinnen** und **Kellner**. Bei ihnen bestellst und bezahlst du Speisen und Getränke.

Kinderzimmer

In ihrem Zimmer schlafen, spielen und lernen Kinder. Hier können sie auch Freunde und Freundinnen empfangen.

① Computer
② Skateboard
③ Xylophon
④ Schaukelpferd
⑤ Bauklötze

① Poster
② Zählmaschine
③ Kassettenrekorder
④ Hampelbär
⑤ Ball
⑥ Puzzle
⑦ Puppe
⑧ Spiele
⑨ Springseil
⑩ Flugzeug
⑪ Spielkarten
⑫ Ziehente
⑬ Kuscheltier
⑭ Handpuppen
⑮ Bücher
⑯ Trommel
⑰ Ritterburg
⑱ Dino
⑲ Eisenbahn
⑳ Ritterschwert

Kk

kennen — Lisa **kennt** Ben. Sie weiß, wer er ist. Wenn du ein Lied **kennst**, hörst du es aus anderen Liedern heraus. Du kannst es von anderen unterscheiden.

der **Kern**
die **Kerne** — **Kerne** sind die Samen einer Frucht. Ein **Kern** ist meistens hart.
Kerngehäuse – Apfel**kern**

die **Kerze**
die **Kerzen** — **Kerzen** bestehen aus Wachs oder Stearin. Durch ihren länglichen Körper zieht sich der Docht. Wird er entzündet, brennt die **Kerze**.

Kerzenlicht – Wachs**kerze**

die **Kette**
die **Ketten** — Werden Glieder aneinander gehängt oder Teile (Steine, Perlen) aufgefädelt, ergibt das eine **Kette**.

Mehrere Menschen können eine **Kette** bilden, wenn sie einander an den Händen fassen.

das **Kind**
die **Kinder**
die **Kindheit** — Ein sehr junger Mensch ist ein **Kind**. **Kinder** haben Eltern. Sie wachsen, entwickeln sich und lernen vieles. Die **Kindheit** ist die Lebenszeit, in der ein Mensch **Kind** ist.

Kk

der **Kindergarten**
die **Kindergärten**

Ab drei Jahren können Kinder in den **Kindergarten** gehen. Ab sechs Jahren gehen sie in die Schule.
Im **Kindergarten** spielen, singen und lernen Mädchen und Jungen zusammen.

das **Kino**
die **Kinos**

Im **Kino** werden auf einer Leinwand Spielfilme gezeigt.
Lisa geht gern ins **Kino**.

die **Kirche**
die **Kirchen**

Die **Kirche** ist
* ein Haus für den Gottesdienst. Dort kann man beten.
** die Glaubensgemeinschaft, die Christus gegründet hat.

Kirchenjahr –
Pfarr**kirche**

das **Kissen**
die **Kissen**

Ein weiches Polster zum Liegen oder Sitzen heißt **Kissen**
Kissenschlacht –
Kopf**kissen**

die **Kiste**
die **Kisten**

Eine große Schachtel aus Holz oder Kunststoff ist eine **Kiste**.
In einer **Kiste** kann man Dinge aufbewahren oder transportieren.

klar	**Klares** Wasser ist nicht trüb. Mir ist **klar**, was du meinst.
die **Klasse** die **Klassen**	Schüler und Schülerinnen werden zusammen in einer **Klasse** unterrichtet. Ben geht in die 2. **Klasse**. Er will **Klassen**sprecher werden. **Klassen**zimmer – Schul**klasse**
das **Klavier** die **Klaviere**	Wer **Klavier** spielt, drückt die Tasten mit den Fingerkuppen herunter. Der **Klavier**spieler heißt auch Pianist. Er spielt Konzerte oder begleitet Sänger.
kleben	**Kleb**stoff bewirkt, dass Teile von Dingen zusammenhängen und auf Dauer halten. Sie **kleben**.
klein	Das Gegenteil von groß ist **klein**.
klettern	Lisa **klettert** den Berg hinauf. Eine Spinne **klettert** die Wand hinauf. Affen können gut **klettern**. Efeu ist eine **Kletter**pflanze.
die **Klingel** die **Klingeln** **klingeln**	Haustüren und Fahrräder haben eine **Klingel**. Sie erzeugt einen Klang, der aufhorchen lässt. Wer **klingelt**, will gehört werden. Tür**klingel** – Fahrrad**klingel**

Kk

Kleidung

① Bademantel
② Mütze
③ Hut
④ Mantel
⑤ Bluse
⑥ Strickjacke
⑦ Kleid
⑧ Latzhose
⑨ Jacke
⑩ Pullover
⑪ Hausschuh
⑫ Schal
⑬ Gummistiefel
⑭ Bikini
⑮ T-Shirt

⑯ Jogging-Hose
⑰ kurze Hose
⑱ Jeans
⑲ Unterhemd
⑳ Socken
㉑ Schuhe
㉒ Handschuhe
㉓ Unterhose
㉔ Gürtel

Kk

klopfen Lisa **klopft** an der Tür. Ben **klopft** den Teppich.

klug Wer **klug** ist, hat Köpfchen und denkt voraus.

das **Knie**
die **Knie**
knien

Ben beugt die **Knie**. Er will sich hin**knien**. Er fällt auf die **Knie**. Zum Beten **knien** manche Leute nieder.

der **Koch**
die **Köche**
die **Köchin**
die **Köchinnen**
kochen

In Gaststätten bereiten **Köchinnen** und **Köche** die Speisen zu. Sie **kochen**. Lisa sagt: „Mutter ist die beste **Köchin**!" Ben kann schon Pudding **kochen**.

der **Koffer**
die **Koffer**

Ein **Koffer** ist ein Behälter für Gepäck. Du brauchst ihn zum Verreisen. Ein **Koffer** ist kastenförmig. Er hat einen verschließbaren Deckel und einen Griff.

Kk

kommen — Ben **kommt** zu spät zum Essen.
Der Bus ist nicht **gekommen**.

der **König**
die **Könige**
die **Königin**
die **Königinnen**

In früheren Zeiten herrschte ein **König** über das Volk. Er hatte ein Zepter und eine Krone. Bei wichtigen Anlässen saß er auf einem erhöhten Sitz, dem Thron. Seine Frau war die **Königin**.

können — Lisa **kann** rechnen. Sie findet meistens das richtige Ergebnis.

der **Korb**
die **Körbe**

Ein **Korb** ist ein Behälter, der aus Weidenruten oder Rohr geflochten ist. Er kann auch aus Draht sein.
Korbflechter – Einkaufs**korb**

kräftig — Wer **kräftig** ist, hat Kraft. Er kann schwere Lasten heben.

der **Kran**
die **Kräne**

Ein **Kran** ist eine hohe Baumaschine. Er hat einen Schwenkarm. Damit kann der **Kran** schwere Lasten bewegen.

Kk

Mein Körper
① Kopf
② Auge
③ Nase
④ Kinn
⑤ Mund
⑥ Ohr
⑦ Haar
⑧ Hals
⑨ Schulter
⑩ Brust
⑪ Brustwarze
⑫ Arm
⑬ Bauch
⑭ Scheide
⑮ Bein
⑯ Knie
⑰ Wade
⑱ Fuß
⑲ Rücken
⑳ Ellbogen
㉑ Bauchnabel
㉒ Glied
㉓ Po
㉔ Knöchel
㉕ Ferse
㉖ Fessel

Kk

krank der **Kranke** die **Kranken**	Das Gegenteil von gesund ist **krank**. Ein **Kranker** ist ein Mensch, der nicht gesund ist. Körper und Seele können **krank** werden. Kinder**krankheiten** gehen meistens schnell vorüber. **Kranken**kasse – ein Schwer**kranker**
das **Kranken-haus** die **Kranken-häuser**	In **Krankenhäusern** werden **Kranke** und Verletzte behandelt und betreut. Dort arbeiten Ärztinnen und Ärzte, Pflegerinnen und Pfleger. **Krankenhäuser** sind in Stationen unterteilt.
das **Kraut** die **Kräuter**	**Kraut** wächst im Garten und auf dem Feld. Weiß**kraut** und Rot**kraut** essen wir gedünstet oder roh. Mit **Kräutern** kann man Speisen würzen. Manche **Kräuter** sind Heilmittel. **Kraut**salat – Un**kraut** **Kräuter**tee – Heil**kräuter**
der **Kranz** die **Kränze**	Ein **Kranz** ist ein kreisrundes Gebinde aus Blumen, Blättern oder Zweigen. Zu Festen werden **Kränze** gebunden, aber auch zu Begräbnissen.

Kk

die **Kreuzung**
die **Kreuzungen**

Wo zwei Straßen oder Wege sich **kreuzen**, ist die **Kreuzung**.

die **Krippe**
die **Krippen**

Eine **Krippe** ist
* eine Futterstelle für Tiere.
** eine Szene mit Figuren um das Jesuskind im Stall von Bethlehem (Weihnachts**krippe**).
*** eine Stätte, in der Kinder betreut werden.

die **Kurve**
die **Kurven**

Biegt sich ein Verkehrsweg nach rechts oder links, macht er eine **Kurve**. Sie ist oft unübersichtlich. Ein vorsichtiger Autofahrer fährt langsam in die **Kurve**.

kurz

Das Gegenteil von lang ist **kurz**.
Ein **kurzer** Rock – eine **kurze** Zeit

der **Kuss**
die **Küsse**
küssen

Vor dem Einschlafen bekommen Lisa und Ben einen Gutenacht**kuss**. In vielen Ländern **küssen** sich Menschen, wenn sie sich begrüßen.

Ll

lachen — Lisa **lacht** über den Clown, weil er lustig ist.
Wer zuletzt lacht, lacht am besten.

der **Laden**
die **Läden** — Ein **Laden** ist
* ein Geschäftsraum (Brillen**laden**).
** eine Klappe, mit der man das Fenster verdunkeln kann (Fenster**laden**).

die **Lampe**
die **Lampen** — Eine **Lampe** ist
* ein Lichtspender mit einem Schirm.
** ein Gehäuse, in das man eine Glühbirne schraubt.

Lampenschirm – Taschen**lampe**

das **Land**
die **Länder** — **Land** ist
* das Gegenteil von Wasser. Die Erdoberfläche besteht aus Fest**land** und Wasser.
** das Gegenteil von Stadt (Ben wohnt auf dem **Land**).
Landkarte – Aus**land**

lang — Das Gegenteil von kurz ist **lang**.
Ein **langer** Ast – ein **langes** Wochenende

langsam — Wer sich Zeit lässt und es nicht eilig hat, macht **langsam**.

der **Lärm**
lärmen

Lautes Getöse ist **Lärm**. Wenn jemand laut ist, macht er **Lärm**. Großer **Lärm** kann einen Menschen ärgern, manchmal auch krank machen.

lassen

Lisa will sich nicht kämmen **lassen**. Ben kann das Nasebohren nicht **lassen**. Vater **lässt** sein Auto in der Werkstatt reparieren.

die **Last**
die **Lasten**

Was aufgeladen wird, ist die **Last**. **Last**wagen befördern **Lasten**. Manche **Last** ist lästig, sie be**last**et.

laufen

Ben **läuft** schnell. Lisas Nase **läuft**.

laut

Das Gegenteil von leise (still) ist **laut**. Ein **lauter** Schrei – ein **lauter** Mensch

läuten

Statt **läuten** kannst du auch klingeln oder schellen sagen. Ben **läutet** an Lisas Haustür.

leben
das **Leben**

Was nicht tot ist, **lebt**: Mensch, Tier und Pflanze. Sie sind **Lebe**wesen. Das **Leben** beginnt mit der Geburt und endet mit dem Tod. Lisa findet das **Leben** schön.
Lebendiges kann sich bewegen, es wächst und entwickelt sich.

leer

Das Gegenteil von voll ist **leer**.
Ein **leerer** Teller – eine **leere** Bühne

legen

Ben schreibt: „Ein Huhn **legt** Eier“
Dann **legt** er den Bleistift hin.

der **Lehrer**
die **Lehrer**
die **Lehrerin**
die **Lehrerinnen**

Wer junge Menschen unterrichtet und erzieht, ist **Lehrerin** oder **Lehrer**. **Lehrer** bringen Schülern und Schülerinnen etwas bei. Lehrende arbeiten an öffentlichen und privaten Schulen.
Herr Müller **lehrt** Mathematik. Er ist also Mathematik**lehrer**.
Lehrerzimmer – Klassen**lehrerin**

leicht Das Gegenteil von schwer ist **leicht**. Das Abc ist **leicht** zu lernen. Ein **leichter** Koffer – eine **leichte** Aufgabe

leise „Seid doch endlich **leise**!“, sagt Mama. Ben und Lisa möchten aber laut sein.

die **Leiter**
die **Leitern**
der **Leiter**
die **Leiter**
die **Leiterin**
die **Leiterinnen**

* *Die* **Leiter** ist ein Steiggerät mit Sprossen (Hühner**leiter**).

** *Der* **Leiter** ist der Chef einer Firma oder einer Schule.

lernen Was du nicht gut genug kannst, kannst du **lernen**. Das geht nicht ohne zu üben, zu wiederholen und auszuprobieren. In der Schule **lernen** Kinder nach einem bestimmten Plan. Manche Dinge kann man leicht, manche schwer **lernen**.

lesen Wer **liest**, kann die Bedeutung von Wörtern und Buchstaben verstehen. Lisa hat ein Buch **gelesen**. Jetzt weiß sie, was darin steht.

das **Lexikon**
die **Lexika**

Dieses Buch ist ein **Lexikon**. Wenn du etwas nicht weißt, kannst du es im **Lexikon** nachschlagen. Dort findest du Stichwörter, die mit Worten und Bildern erklärt werden. Die Stichwörter sind nach dem Alphabet geordnet.

das **Licht**
die **Lichter**

Licht macht hell. Die Sonne spendet warmes **Licht**. Auch Mond und Sterne leuchten.
Ben sagt: „Mach bitte **Licht**!“
Lisa liest beim **Licht** einer Lampe.
Lichtstrahl – Schluss**licht**

die **Liebe**
lieben

Liebe ist ein schönes Gefühl. Wenn man einen Menschen **lieb** hat, möchte man am **liebsten** immer mit ihm zusammen sein.
Lisa **liebt** Tiere. Ihren Hund hat sie sehr **lieb**.

das **Lied**
die **Lieder**

Ein gesungenes Gedicht ist ein **Lied**. Es hat eine Melodie und besteht meistens aus mehreren Strophen.
Er kann ein Lied davon singen!

liegen Ben **liegt** auf der Wiese. Lisas Buch **liegt** daneben.

loben Ben hat einen Drachen gebastelt. Der Vater sagt zu Ben: „Das hast du gut gemacht.“ Also **lobt** er Ben.

das **Loch**
die **Löcher** Lisas Strumpf hat ein **Loch**. Der Vater bohrt ein **Loch** in die Wand. Manche Käse haben **Löcher**.
Du fragst mir Löcher in den Bauch.

die **Luft**
die **Lüfte** Beim Atmen saugst du durch Mund oder Nase **Luft** ein und stößt sie wieder aus. Wind bewegt die **Luft**. Vögel und Flugzeuge fliegen in der **Luft**.

lügen Wer die Unwahrheit sagt, **lügt**. Ein **Lügner** weiß: Was er sagt, ist nicht wahr.

lustig Über eine **lustige** Geschichte kann man lachen. Kasperle, Clown und Komiker sind **lustige** Figuren.

Mm

machen	**Machen** hat viele Bedeutungen: erledigen (Aufgabe), herstellen (Foto), kochen (Pudding), tun (große Schritte) und herrichten (Bett).
das **Mädchen** die **Mädchen**	Ein **Mädchen** ist ein weibliches Kind. Aus **Mädchen** werden Frauen.
mahlen	In einer Mühle kann man Getreidekörner oder Kaffeebohnen stark zerkleinern. Man kann sie zu Mehl oder Pulver **mahlen**.
malen der **Maler** die **Maler** die **Malerin** die **Malerinnen**	**Malerinnen** und **Maler** schaffen Bilder mit Farben. Sie **malen** mit Pinsel oder Spachtel auf Leinwand, Papier oder Holz.
manchmal	Ben ist **manchmal** (nicht oft) frech. Lisa geht **manchmal** (gelegentlich) durch den Park.

Mm

das **Märchen**
die **Märchen**

„Hänsel und Gretel“, „Peter und der Wolf“ sind **Märchen**. Das sind erfundene Geschichten, die in der Vergangenheit spielen. Auf Kassetten, in Bilderbüchern, im Film und im Theater begegnen dir **Märchen**.

der **Markt**
die **Märkte**

Ein **Markt** ist
* eine Gemeinde, die nicht so groß wie eine Stadt ist.
** ein Platz, auf dem Waren angeboten werden.

Marktfrau – Wochen**markt**

die **Maschine**
die **Maschinen**

Geräte, die mit Motor oder elektrischem Strom betrieben werden, heißen **Maschinen**. Sie erleichtern die Arbeit.
Handwerker und Hausfrauen kommen ohne **Maschinen** heute nicht aus.
Maschinenhalle – Kaffee**maschine**

die **Mauer**
die **Mauern**

Eine **Mauer** ist eine Umgrenzung aus Steinen. Es gibt **Mauern** aus Ziegelsteinen, Natursteinen und Beton.
Mauerblümchen – Garten**mauer**

Maße und Gewichte

1 Quadratzentimeter = 1 cm^2

das Lineal

das Maßband

1 km sind 1000 Meter

1 Gramm 10 Gramm 100 Gramm 500 Gramm 1000 Gramm

Um festzustellen, wie lang und breit, hoch und tief, schwer oder groß etwas ist, musst du messen und wiegen. **Maße** und **Gewichte** sind genau festgelegt.

Mm

mauern der **Maurer** die **Maurer**	Der **Maurer** baut nicht nur Mauern, sondern auch Häuser. Er **mauert**.

das **Meer** die **Meere**	Drei Viertel der Erdoberfläche sind von **Meer** bedeckt. Auf den **Meeren** fahren Schiffe. Im Salzwasser der **Meere** leben Fische und andere Tiere.
das **Mehl**	**Mehl** entsteht, wenn Getreide gemahlen wird (Weizen**mehl**, Roggen**mehl**). Aus **Mehl** werden Brot, Plätzchen und Kuchen gebacken.
mehr	Ben mag nicht **mehr** singen. Lisa kennt **mehr** Lieder als Ben.
der **Mensch** die **Menschen**	Der **Mensch** ist das Lebewesen, das sprechen, denken, fühlen und aufrecht gehen kann.
der **Metzger** die **Metzger** die **Metzgerei** die **Metzgereien**	Der **Metzger** kauft im Schlachthof Fleisch und verarbeitet es zu Wurst und anderen Fleischwaren. Dann verkauft er es in der **Metzgerei**.

Mm

mögen Alle **mögen** Sonnenschein. Das heißt: Jeder hat es gern, wenn die Sonne scheint.

der **Mond**
die **Monde** Planeten haben **Monde**. Das sind Himmelskörper, die Planeten umkreisen. Auch die Erde ist ein Planet und hat einen **Mond**. Er macht die Nacht hell.

Mondsichel – Voll**mond**

der **Motor**
die **Motoren** Ein **Motor** kann ein Fahrzeug oder eine andere Maschine antreiben.
Motorrad – Schiffs**motor**

müde Wer **müde** ist, will sich am liebsten ausruhen. Er gähnt und fühlt sich schlaff.

der **Müll** **Müll** ist das, was man wegwirft. In Eimern, Tonnen und Containern wird **Müll** gesammelt und sortiert. Er besteht aus Glas, Papier, Plastik, Weißblech und Bio**müll**.

Mm

das **Museum**
die **Museen**

Gegenstände aus der Vergangenheit werden im **Museum** aufbewahrt, gesammelt und ausgestellt.

die **Musik**
die **Musiken**
musizieren

Wenn Menschen zusammen Instrumente spielen, **musizieren** sie. Was du dann hörst, ist **Musik**.

müssen

Lisa und Ben **müssen** oft lachen. Das heißt: Sie können gar nicht anders als lachen.

der **Mut**
mutig

Wer **Mut** hat, fasst sich ein Herz. Er überwindet seine Angst und traut sich, etwas zu tun. Er handelt **mutig**.

Nur nicht den Mut verlieren!

Nn

der **Nachbar**
die **Nachbarn**

Wer nebenan wohnt, ist der **Nachbar**. Wer in der Nähe wohnt, lebt in der **Nachbar**schaft.

die **Nachricht**
die **Nachrichten**

Funk und Fernsehen senden Meldungen vom Tage. Sie geben Auskunft über neueste Ereignisse. **Nachrichten** stehen auch in Zeitungen und werden durch Telefon oder Telefax übermittelt. Reporter sammeln, ordnen und wählen **Nachrichten** aus.

die **Nadel**
die **Nadeln**

Eine **Nadel** ist
* ein dünner, spitzer Metallstift. Sie wird zum Nähen (Näh**nadel**), Befestigen (Steck**nadel**), aber auch zum Anstecken und Bohren benutzt.
** Statt Blätter können Bäume **Nadeln** haben (**Nadel**bäume).

der **Nagel**
die **Nägel**

Ein **Nagel** ist
* ein Metallstift mit Kopf, Stift und Spitze.
** der Hornschutz an Finger (Finger**nagel**) oder Zehe (Zehen**nagel**).

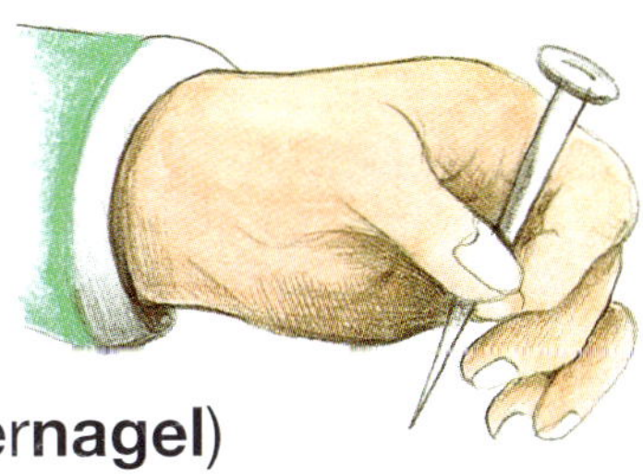

nah

Das Gegenteil von fern ist **nah**. Ein **nahes** Ziel – ein **naher** Ort

Nn

nähen — **Nähen** heißt: zwei Stoffteile mit Nadel und Faden verbinden. Man kann mit der Hand oder mit der **Näh**maschine **nähen**.

nass — Das Gegenteil von trocken ist **nass**. Ben hat **nasse** Füße.

die **Natur** — **Natur** ist
* die Landschaft um uns mit ihren Tieren und Pflanzen.
** die Wesensart eines Menschen.

der **Nebel**
die **Nebel** — Tief hängende Wolken nennt man **Nebel**. Er kann dadurch entstehen, dass sich feuchte Luft dicht über dem Boden abkühlt. Im **Nebel** kann man nicht weit sehen.

nehmen — Er will sich ein Buch aus dem Regal **nehmen**.
Ben **nimmt** sich heute Zeit zum Lesen.

Nn

das **Nest**
die **Nester**

Vögel bauen sich **Nester** aus Zweigen, Federn und Halmen. Darin ziehen sie ihre Jungen auf. Aber auch andere Tiere bauen **Nester**: Manche Affen richten sich Schlaf**nester** in den Bäumen.

nett

Lisa ist **nett** zu Ben.
Sie behandelt ihn freundlich.
Die anderen Kinder mögen Ben, weil er **nett** ist.

das **Netz**
die **Netze**

Ein **Netz** hat Maschen. Es ist
* ein Gerät zum Fischefangen.
** ein Einkaufsbeutel.
*** eine Vorrichtung, die Bälle beim Spiel auffängt oder stoppt. Das Fußballtor hat ein **Netz**. Für ein Tennisspiel wird ein **Netz** quer über die Mitte des Spielfelds gespannt.

neu

Das Gegenteil von alt kann nicht nur jung, sondern auch **neu** sein.
Eine **neue** Hose – ein **neuer** Lehrer

neugierig

Wer **neugierig** ist, will Neues erfahren.
Neugierige Menschen wollen mehr wissen.

Nn

niedrig	Das Gegenteil von hoch ist **niedrig**. Eine **niedrige** Mauer – ein **niedriger** Wasserstand
niemand	**Niemand** bedeutet: keiner.
niesen	Wenn es dich in der Nase kitzelt und du „Hatschi!“ machst, dann **niest** du.
die **Note** die **Noten**	Eine **Note** * ist ein Zeichen für Sänger und Musiker, das die Höhe und Länge eines Tones angibt. ** **Noten** vergibt der Lehrer für die Leistungen der Schüler: 1 (sehr gut), 2 (gut), 3 (befriedigend), 4 (ausreichend), 5 (mangelhaft), 6 (ungenügend).

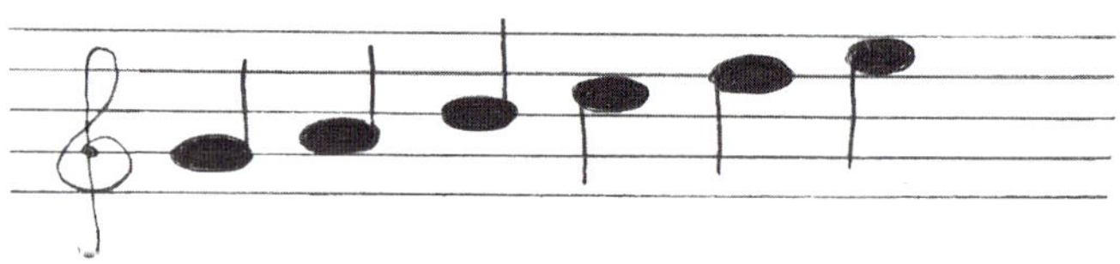

die **Nummer** die **Nummern**	Ziffernfolgen sind **Nummern**. Sie geben die Reihenfolge von Dingen an. Häuser, Autos, Telefonanschlüsse, Bücher oder Spieler haben **Nummern**. Dieses Haus hat die **Nummer** 10.
nur	Das Wort **nur** meint „ausschließlich“. Ben liest **nur** Tierbücher. Andere Bücher liest er nicht.

Oo

Obst

Die Früchte von manchen Pflanzen heißen **Obst**.
Diese Früchte kann man roh essen.

Kernobst

Steinobst

Beerenobst

Oo

Dörrobst

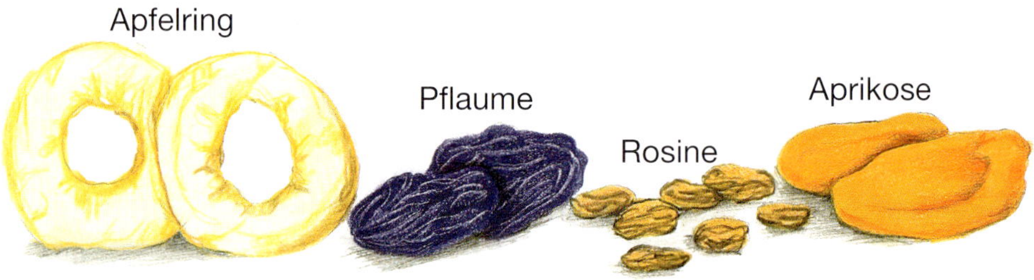

Wildfrüchte

Südfrüchte

Oo

offen	Was **offen** ist, ist nicht geschlossen. Der Laden ist **offen**. Die Tür steht **offen**.
öffnen	Die Tür **öffnen** heißt die Tür aufmachen.
oft	Was **oft** geschieht, kommt häufig vor.
das **Öl** die **Öle**	**Öl** ist flüssiges Fett, gepresst aus Pflanzen (Disteln) oder Früchten (Oliven). Speise**öl** wird zum Braten, Kochen und Backen und für Salate verwendet. Schmier**öl** braucht man für Maschinen, mit Sonnen**öl** reibt man seinen Körper ein.
der **Ort** die **Orte**	Ein **Ort** ist * ein bestimmter Platz. ** ein Weiler, ein Dorf oder eine Stadt.
Ostern	An **Ostern** feiern Christen die Auferstehung Jesu. An **Ostern** freuen sich die Kinder über ein **Oster**nest mit **Oster**eiern. Man sagt, der **Oster**hase malt sie an und bringt sie. Manche Eltern verstecken an **Ostern** Schokoladeneier im Garten oder im Park, die die Kinder suchen müssen.

Pp

das **Paar**
die **Paare**
paar

Zwei Menschen sind ein **Paar**, wenn sie zusammengehören (Ehe**paar**). Auch zwei Sachen können ein **Paar** sein (ein **Paar** Schuhe). Ein **paar** Nüsse sind einige wenige Nüsse.

das **Paket**
die **Pakete**
das **Päckchen**
die **Päckchen**

In **Pakete** verpackt man Waren, die verschickt werden. Ein kleines **Paket** ist ein **Päckchen**. **Pakete** und **Päckchen** werden von Schnur oder Klebestreifen zusammengehalten.

das **Papier**
die **Papiere**

Aus Holzfasern und Alt**papier** wird in **Papier**fabriken **Papier** hergestellt. Es dient zum Beschriften, Bedrucken und Einpacken.
Papiertüte – Schreib**papier**

der **Park**
die **Parks**

In Städten (Stadt**park**) und bei Schlössern (Schloss**park**) gibt es große Rasenflächen mit Bäumen, Sträuchern, Bänken, Wasseranlagen, auch Spielplätzen. Das sind **Parks**.

Pp

parken

Das Auto abstellen heißt **parken**. **Park**plätze in Städten kosten **Park**gebühr. Dafür gibt es **Park**uhren. In großen Städten gibt es **Park**häuser und Tiefgaragen.

passen

Was **passt**,
* sitzt gut (eine **passende** Hose).
** sieht gut aus (ein **passender** Schal).
*** ist richtig (eine **passende** Antwort).

die **Pause**
die **Pausen**

Die Zeit zwischen zwei Arbeitsabschnitten ist die **Pause**. Du machst **Pause** in der Schule, beim Sport oder auf einer Autofahrt.
Pausebrot – Mittags**pause**

die **Pflanze**
die **Pflanzen**
pflanzen

Pflanzen wachsen auf der Erde: Blumen, Stauden, Sträucher und Bäume. Man **pflanzt** Getreide an, indem man die Erde pflügt und Samen sät. Man kann auch einen jungen Baum in die Erde ein**pflanzen**.

Pp

die **Pflege**
pflegen

Kranke und alte Menschen brauchen oft **Pflege**. Sie werden ge**pflegt**. Das heißt sie bekommen, was ihr Körper braucht: Nahrung, Wärme, Hilfe beim Waschen und Medizin. Aber auch einen Rasen kann man **pflegen**. Man mäht ihn und entfernt Unkraut aus ihm.
Pflegestation – Körper**pflege**

pflücken

Pflanzen und Früchte ernten heißt **pflücken**. Ben **pflückt** Blumen für Lisa.

die **Pfütze**
die **Pfützen**

Eine **Pfütze** ist Regenwasser in einer Bodenmulde.

der **Pilz**
die **Pilze**

Pilze wachsen aus feuchtwarmem Waldboden. Es gibt viele Arten ungiftiger und giftiger **Pilze**. Wer **Pilze** sammelt, sollte sie gut kennen.

platt

Statt **platt** sagt man auch eben oder plan.

Pp

der **Platz**
die **Plätze**

Ein **Platz** ist eine Stelle. Du kannst einen **Platz** begehen (Markt**platz**), innehaben (Arbeits**platz**), benützen (Spiel**platz**), belegen (Sitz**platz**) oder darauf etwas abstellen (Park**platz**).
Auf die Plätze, fertig, los!

das **Plätzchen**
die **Plätzchen**

Plätzchen sind kleine Backwaren. Zu Weihnachten gibt es **Plätzchen**. Kinder backen gerne **Plätzchen**.

plötzlich

Statt **plötzlich** sagt man auch auf einmal.

die **Polizei**
der **Polizist**
die **Polizisten**
die **Polizistin**
die **Polizistinnen**

Schutzleute, die den Verkehr regeln oder nach Verbrechern fahnden, sind bei der **Polizei**. Sie heißen auch **Polizisten**.
Polizeiauto –
Verkehrs**polizei**

die **Post**

Auf der **Post** kannst du einen Brief einwerfen oder ein Päckchen aufgeben. Die **Post** befördert außerdem auch **Post**karten und Pakete.

Pp

der **Preis**
die **Preise**

Preise sind
* die Kosten von etwas (hohe **Preise**, niedrige **Preise**).
** Auszeichnungen für hervorragende Leistungen bei einem Wettbewerb. Ben bekommt den ersten **Preis**.

der **Punkt**
die **Punkte**

Einen **Punkt**
* erreichst du. Es ist ein bestimmter Ort (Ziel**punkt**) oder eine bestimmte Zeit (Zeit**punkt**).
** setzt du beim Schreiben am Satzende.
*** bekommst du beim Spielen gutgeschrieben (Plus**punkt**).

putzen

Ben **putzt** die Schuhe. Lisa **putzt** sich die Zähne.

Qq

quälen	Wer jemanden **quält**, fügt ihm Schmerzen zu.
die **Qualle** die **Quallen**	**Quallen** sind Weichtiere im Meer. Mit ihren Fangarmen umklammern sie ihre Beute und lähmen sie mit Gift. Dieses Gift kann auch Menschen wehtun.
der **Qualm** **qualmen**	Statt **qualmen** sagt man auch rauchen. **Qualm** ist dichter Rauch.

die **Quelle** die **Quellen**	Eine Stelle, an der Wasser aus der Erde tritt, heißt **Quelle**. Bäche und Flüsse entspringen einer **Quelle**. Hier haben diese Gewässer ihren Ursprung. **Quell**wasser – Heil**quelle**

quer	Wer **quer** läuft, läuft schräg: **Quer**feldein – **quer** über den Platz
das **Quiz** die **Quiz**	Ein **Quiz** ist ein Frage-Antwort-Spiel, bei dem gewinnt, wer am meisten weiß. Im Fernsehen ist es sehr beliebt. **Quiz**master – Fernseh**quiz**

Rr

das **Rad**
die **Räder**
Rad fahren

Ein **Rad**
* ist der runde Teil eines Fahrzeugs, der sich drehen und rollen kann.
** kann ein Fahr**rad** sein. Es hat zwei **Räder** mit Speichen, eine Klingel, zwei Pedale, ein Lenk**rad**, ein Vorder- und ein Rücklicht.

radieren
der **Radier-gummi**
die **Radier-gummis**

Der Gegenstand, der Bleistiftstriche verschwinden lässt, heißt **Radiergummi**.
Auch Tinte lässt sich weg**radieren.**

das **Radio**
die **Radios**

Ein **Radio** ist ein Funkgerät, mit dem du Schallwellen empfängst.
Der Hörfunk sendet sowohl Musik als auch Nachrichten. Im Schulfunk hörst du interessante Sendungen, aus denen du lernen kannst.
Der Kinderfunk will vor allem unterhalten.

der **Rand**
die **Ränder**

Der **Rand** ist der äußerste Teil eines Gegenstandes oder einer Fläche.
Er grenzt ein Ding nach außen ab.
Teller**rand** – **rand**voll

Rr

der **Rat** die **Ratschläge**	Ein guter Tipp ist ein **Rat**. Lisa gibt Ben einen **Rat**.
raten das **Rätsel** die **Rätsel**	Wer ein **Rätsel** lösen will, muss **raten**. Er denkt dabei scharf nach und tüftelt oft lange herum. Wenn du etwas nicht weißt, **rätst** du. **Rätsel**heft – Kreuzwort**rätsel** **Das ist mir ein Rätsel.**
rauchen	Opa **raucht** eine Zigarre. Der Kamin **raucht** stark.

rau	Das Gegenteil von glatt ist **rau**.
der **Raum** die **Räume**	Ein **Raum** kann durch Wände begrenzt sein (Zimmer) oder durch Linien (Spielfeld). Der Welt**raum** ist grenzenlos.
der **Rechen** die **Rechen**	Der **Rechen** ist ein Gerät, das du wie einen Kamm durch Gras oder Sand führst. Er hat Zinken und einen langen Stiel.

Rr

rechnen	Mit Zahlen umgehen heißt **rechnen**: zusammenzählen, abziehen, malnehmen, teilen. Lisa kann gut **rechnen**. Ben **verrechnet** sich oft. **Mit mir kannst du immer rechnen.**
die **Rede** die **Reden** **reden**	Leute, die **reden**, sprechen Worte. **Reden** können langweilig sein. Ben **redet** manchmal dummes Zeug.
der **Regen** **regnen**	**Regen** ist Wasser aus Wolken. Er fällt in Tropfen, Strömen oder Güssen auf die Erde. Wenn es länger nicht **regnet**, trocknet die Erde aus. **Regen**schirm – Niesel**regen** **Vom Regen in die Traufe.**
reich	Wer **reich** ist, besitzt viel. Er hat viel Geld und wertvolle Dinge.
reif	Ist Obst **reif**, so ist es saftig, süß und weich. Es kann dann geerntet und gegessen werden.
der **Reifen** die **Reifen**	Ein kreisrunder Gegenstand mit einem großen Loch in der Mitte ist ein **Reifen**. **Reifen**wechsel – Arm**reifen**

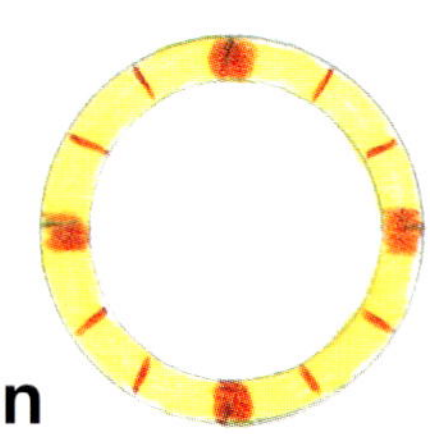

Rr

die **Reihe** die **Reihen**	Die Dosen im Regal bilden eine **Reihe**: Eine Dose steht neben der anderen. **Immer schön der Reihe nach!**
der **Reim** die **Reime**	Wenn zwei Wörter mit einem ähnlichen Laut enden, ergibt das einen **Reim**: **Reim** – Leim. **Reime** kommen in Gedichten und Liedern vor. Kinder**reime** – **Reim**lexikon
rein	Was sauber und tadellos ist, ist **rein**. **Reines** Glück – **reine** Wäsche
die **Reise** die **Reisen** **reisen**	Wer längere Zeit wegfährt, macht eine **Reise**. Urlauber **reisen** oft sehr weit um andere Länder und fremde Menschen kennen zu lernen. **Reise**büro – Urlaubs**reise**
reiten	Wenn man **reitet**, sitzt man auf dem Rücken eines Tieres und bewegt sich dabei fort. Kinder **reiten** gern auf Ponys. Andere **Reit**tiere sind Pferd, Esel und Kamel.
rennen	Wenn du schnell läufst, **rennst** du.
retten die **Rettung**	Wer einen Menschen **rettet**, befreit ihn aus einer Gefahr. **Rettung**swagen fahren dorthin, wo Kranke und Verletzte Hilfe brauchen.

Rr

das **Rezept**
die **Rezepte**

* Was der Arzt dem Kranken verschreibt, steht auf dem **Rezept**. In der Apotheke bekommt der Kranke für das **Rezept** eine Arznei.

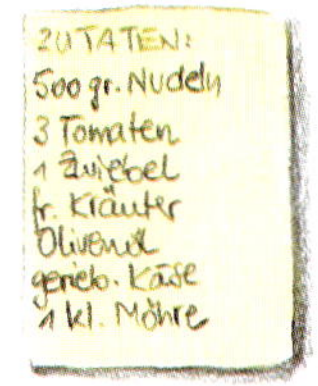

** Mama kocht Nudeln nach Omas **Rezept**.

richtig

Das Gegenteil von falsch ist **richtig**.
Ben weiß die **richtige** Antwort.

riechen

Du **riechst** mit der Nase, ob etwas gut oder schlecht **riecht**.

der **Riese**
die **Riesen**

Ein übergroßer Mensch wird **Riese** genannt. **Riesen** kommen aber auch in Märchen und Sagen vor.

der **Ring**
die **Ringe**

Ein **Ring** ist

* ein kreisrundes Schmuckstück.

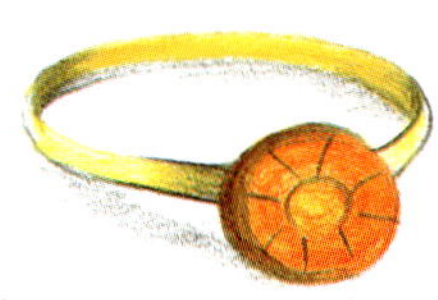

** das Feld, auf dem ein Boxkampf ausgetragen wird.

roh

Roh sind

* ungekochte Speisen (**roher** Schinken).

** ungehobelte Menschen (**roher** Kerl).

Rr

rollen Ben **rollt** die Augen, Lisa **rollt** auf einem Skateboard.

rosten Wenn Luft und Wasser längere Zeit auf Eisen einwirken, **rostet** es.
Wer rastet, der rostet.

rufen Wer **ruft**, spricht laut.
Lisa **ruft** Ben her. Er soll kommen.

ruhen
ruhig Wer sich längere Zeit nicht rührt, der **ruht**. Auch die Arbeit kann **ruhen**; dann bleibt sie vorerst liegen.
Menschen und Orte können **ruhig**, das heißt still sein.
Ein **ruhiger** Junge – ein **ruhiger** Platz

rund Kugel und Kreis sind **rund**. Sie haben keine Ecken oder Kanten.

rutschen **Rutschen** heißt gleiten.
Bens Schlitten **rutscht** gut.
Auf dem Spielplatz gibt es eine **Rutsch**bahn.

Ss

die **Sache** **Sachen** sind Gegenstände.
die **Sachen** **Sach**kunde – Spiel**sachen**

sagen Wer Worte spricht, **sagt** etwas.
Lisa weiß, was Ben zu ihr ge**sagt** hat.

sammeln Kinder tragen vielerlei zusammen und bewahren es auf. Manchmal **sammeln** sie Muscheln, Bilder, Ansichtskarten oder Briefmarken.

der **Sand** **Sand** ist aus Steinchen, die so klein wie Körner sind. Kinder buddeln gern im **Sand**.

satt
* Wer genug gegessen hat, ist **satt**.
** Ben hat es **satt**, immer auf Lisa zu warten.

der **Satz**
die **Sätze**
Ein **Satz** ist
* eine geordnete Folge von Wörtern.
** ein großer Sprung, den ein Mensch oder ein Tier macht.

sauber Das Gegenteil von schmutzig ist **sauber**.
Ben trägt eine **saubere** Hose.
Lisa macht ihr Hemd **sauber**.

Ss

sauer — **Sauer**

* ist das Gegenteil von süß.
** bist du, wenn du dich ärgerst.

die **Schachtel**
die **Schachteln** — Eine **Schachtel** ist ein viereckiger Behälter aus Karton oder Holz. Man kann darin Dinge aufbewahren.

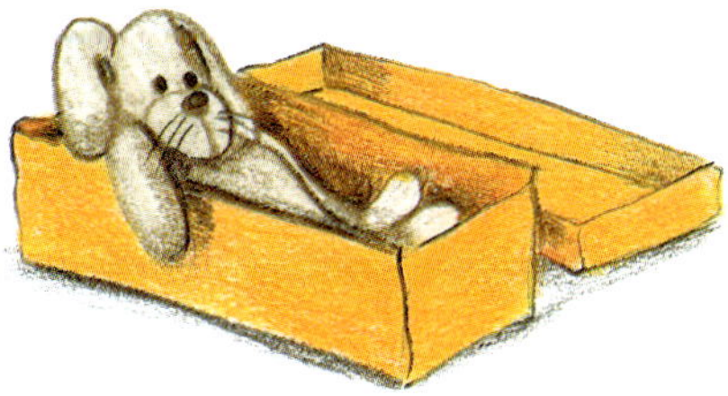

schade — Ben findet es **schade**, dass Lisa nicht da ist: Er bedauert es.

schaffen

* Lisa hat die Turnübung **geschafft**. Die Übung ist ihr gelungen.
** Der Künstler **schafft** ein Kunstwerk: Er stellt das Werk her.

die **Schale**
die **Schalen**

* Früchte und Eier sind von einer **Schale** umgeben (Obst**schale**, Eier**schale**).
** Eine **Schale** ist ein rundes Gefäß.

scharf — Dinge, die **scharf** sein können:

* ein Messer (gut schneidend).
** Senf (nicht mild).
*** ein Foto (deutlich). Das Bild ist **scharf**. Man kann alle Dinge darauf genau erkennen.

Ss

der **Schatten**
die **Schatten**

Wenn Licht auf einen Körper scheint, wirft er einen **Schatten**. Der **Schatten** ist dunkel und kühl. Kinder mögen **Schatten**spiele.

die **Schaukel**
die **Schaukeln**
schaukeln

Eine **Schaukel** ist ein Sitz, der an zwei Seilen oder Ketten hängt. Du kannst darauf vor und zurück **schaukeln**.
Schaukelpferd – Schiff**schaukel**

die **Scheibe**
die **Scheiben**

Vom Brot schneidest du schmale Stücke ab, die **Scheiben**. Fenster haben auch **Scheiben**. Sie sind aus Glas.

schenken

Lisa **schenkt** Ben ein Buch. Sie gibt es ihm und er darf es behalten.

schief

Statt **schief** kann man krumm oder schräg sagen. Wenn etwas nicht klappt, geht es **schief**.

der **Schlaf**
schlafen

Wenn du im Bett liegst und nicht mehr wach bist, **schläfst** du. Im **Schlaf** atmest du weiter. Manchmal träumst du. **Er kann es im Schlaf.**

schlagen — Ben **schlägt** einen Nagel in die Wand.
Lisa **schlägt** Sahne.

schlau — **Schlaue** Kinder sind nicht dumm.

schlecht — Das alles kann **schlecht** sein:
* Obst (verdorben).
** das Wetter (bei Regen und Kälte).
*** eine Leistung (weit unter dem Durchschnitt).

der **Schlitten**
die **Schlitten** — Der **Schlitten** ist ein Fahrzeug, das auf Schnee und Eis gleitet. Kinder fahren im Winter gerne **Schlitten**.

der **Schlittschuh**
die **Schlittschuhe** — Weil **Schlittschuhe** Metallkufen an den Sohlen haben, kannst du damit über eine Eisfläche gleiten. Eiskunstläufer und Eisschnellläufer können sehr gut **Schlittschuh** laufen.

Ss

das **Schloss**
die **Schlösser**

Ein **Schloss** ist
* ein Haus, in dem reiche und mächtige Leute wohnen.
** eine Vorrichtung zum Verschließen.

der **Schlüssel**
die **Schlüssel**

Ein **Schlüssel**
* schließt ein Schloss auf (Tür**schlüssel**).
** lockert oder zieht eine Schraube an (Schrauben**schlüssel**).
*** steht als Zeichen am Beginn einer Notenzeile (Noten**schlüssel**).

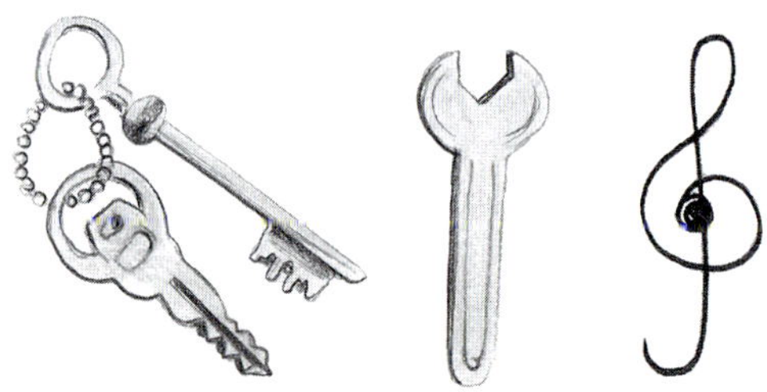

der **Schluss**
die **Schlüsse**

Der **Schluss** ist das Ende.
Einmal muss Schluss sein.

schmecken

Wenn eine Speise **schmeckt**, ist sie lecker. Du **schmeckst** mit Zunge und Gaumen, ob etwas bitter oder süß, sauer oder salzig, scharf oder mild **schmeckt**.

Ss

der **Schmerz**
die **Schmerzen**

Wenn dir etwas wehtut, spürst du einen **Schmerz**.
Schmerztablette – Zahn**schmerzen**

schmieren

Ben **schmiert** ins Heft (er schreibt nicht schön).
Lisa will die Türangel **schmieren**.

der **Schmuck**
die **Schmuckstücke**
schmücken

Was zur Zier dient, ist **Schmuck**: Ohrringe, Wandbilder, aber auch ein Blumenstrauß. An Festtagen wird der Tisch **geschmückt**.

der **Schmutz**
schmutzig

Was unsauber ist, ist **schmutzig**. Gegen **Schmutz** gibt es viele Mittel. Warmes Wasser und Seife reinigen **schmutzige** Hände.

der **Schnee**
die **Schneemassen**
schneien

Schnee fällt in Flocken vom Himmel. **Schnee**flocken sind gefrorene Wassertröpfchen. Kinder freuen sich, wenn es **schneit**. Sie machen **Schnee**ballschlachten und bauen einen **Schnee**mann.

	schneiden	Mit Messer oder Schere kannst du **schneiden**: Brot und Wurst, Stoff und Papier.
der die die die die	**Schneider** **Schneider** **Schneiderin** **Schneide-** **rinnen** **Schneiderei**	**Schneider** und **Schneiderin** schneiden mit der Schere nicht nur Stoff zu, sie nähen daraus auch Kleidungsstücke. Ihr Betrieb ist die **Schneiderei**.
	schnell	Das Gegenteil von langsam ist **schnell**. Eine **schnelle** Läuferin – ein **schneller** Entschluss
der	**Schnupfen**	**Schnupfen** ist meistens die Folge einer Erkältung. Die Nase kitzelt und läuft. Du musst oft schnäuzen. Dazu benutzt du ein Taschentuch.
	schön	Das Gegenteil von schlecht oder hässlich ist **schön**. **Schönes** Wetter – ein **schönes** Mädchen
	schreiben	Ben bringt mit dem Stift Worte zu Papier: Er **schreibt**. Man kann mit der Hand, mit der Schreibmaschine oder mit dem Computer **schreiben**.

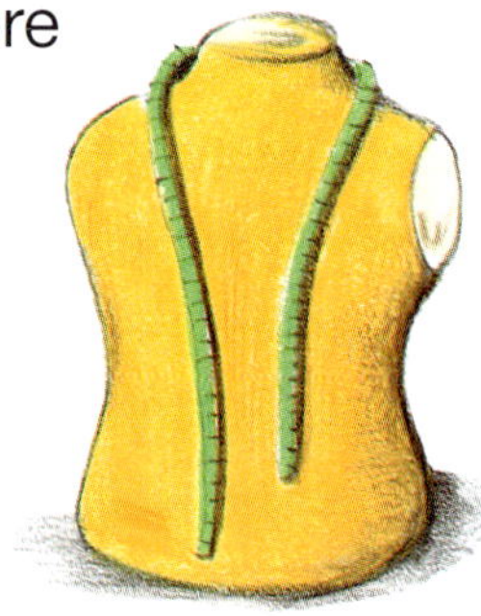

schreien	Wer laut ruft, **schreit**. Babys **schreien**, wenn sie krank oder hungrig sind oder nasse Windeln haben.
der **Schreiner** die **Schreiner** die **Schreinerei**	Der **Schreiner** verarbeitet Holz zu Möbeln. Auch auf einer Baustelle werden **Schreiner** gebraucht. Die **Schreiner**werkstatt heißt **Schreinerei**.

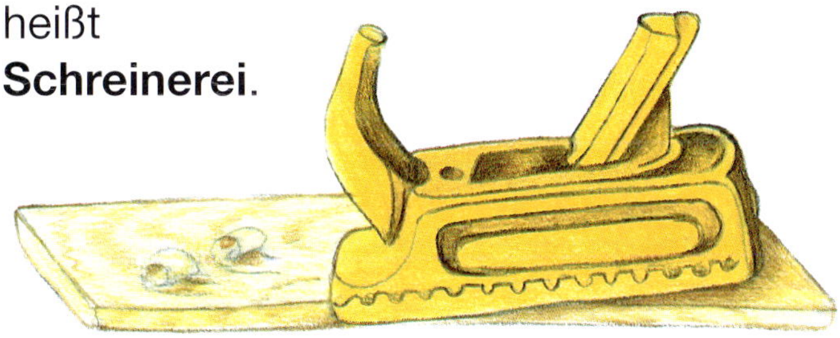

die **Schule** die **Schulen**	**Schule** ist * das Gebäude, in dem Schülerinnen und Schüler lernen. ** der Unterricht in einem Lehrgebäude. Es gibt verschiedene **Schul**arten: die Grund**schule**, die weiterführende **Schule** oder die Hoch**schule**.
schwach	Das Gegenteil von stark und kräftig ist **schwach**. Ein **schwaches** Kind – eine **schwache** Flamme
der **Schutz** **schützen**	Wer jemandem **Schutz** bietet, hilft ihm und gibt ihm Sicherheit. Dächer **schützen** Häuser. Eine Katze **beschützt** ihre Jungen.

Ss

schwer — Das Gegenteil von leicht ist **schwer**. Eine **schwere** Last – eine **schwere** Krankheit

schwimmen — Wer sich im Wasser fortbewegt, **schwimmt**. Menschen und manche Tiere können **schwimmen**.

der **See**
die **Seen**
die **See**

* *Der* **See** ist ein stehendes Gewässer mit Süßwasser, das viel größer ist als ein Teich.

** Wer an *die* **See** fährt, reist ans Meer. Ein Schiff sticht in **See**. Matrosen fahren zur **See**.

sehen — Mit den Augen können Lebewesen **sehen**. So nehmen sie ihre Umgebung wahr. Deshalb wissen sie, wie die Dinge um sie herum aus**sehen**, und was gerade geschieht.

die **Seife**
die **Seifen**

Wenn Fette mit Laugen vermischt und erhitzt werden, entsteht **Seife**. Sie ist das gebräuchlichste Wasch- und Reinigungsmittel.

Seife schäumt und duftet. **Seifen**blasen – Kern**seife**

Ss

die **Seite**
die **Seiten**

Bücher, Kassetten, Straßen, Münzen, Schränke und Fahrzeuge haben **Seiten** (Teilstücke). Was du aufbewahrst, legst du auf die **Seite**.

selten

Was **selten** ist, kommt nicht oft vor. Eine **seltene** Briefmarke – ein **seltener** Gast

sicher

* Ben kommt **sicher** (bestimmt) zu spät.
** Im Haus ist man vor Regen **sicher** (geschützt).

singen

Wenn du eine Melodie hervorbringst, **singst** du. Sängerinnen und Sänger haben **singen** gelernt. Sie tragen Lieder vor und **singen** im Chor.
Lisa **singt** sehr schön.

sitzen

Ben **sitzt** auf dem Stuhl. Lisas neue Jacke **sitzt** gut.

Ss

der **Ski**
die **Skier**
Ski fahren

Die Bretter, mit denen du über den Schnee gleitest und auf Pisten hinabfährst, heißen **Skier**. **Skifahren** lernst du in den Bergen. Im **Ski**urlaub kannst du einen **Ski**kurs machen.

sofort

Statt **sofort** sagt man auch gleich. Ben sagt: „Ich gehe **sofort**!“

sollen

Wer etwas tun **soll**, wird dazu aufgefordert. Ben **soll** still sein.

die **Sonne**

Die **Sonne** steht am Himmel. Sie strahlt hell und wärmt. Im Osten geht sie auf, im Süden steht sie im Zenit, im Westen geht sie unter. So sieht es aber nur aus. In Wirklichkeit dreht sich die Erde, auf der wir leben, um die **Sonne**.
Sonnenfinsternis – Morgen**sonne**

spannend

Eine **spannende** Geschichte hält dich in Atem.

Ss

sparen	Ben hat Geld geschenkt bekommen. Er hebt es auf um sich später etwas dafür zu kaufen. Also **spart** er.
der **Spaß** die **Späße** **spaßig**	**Spaß** ist Vergnügen. **Spaß**macher bringen dich zum Lachen. Was sie tun und sagen, ist **spaßig**. Das Lesen macht Ben **Spaß**.
spät	Das Gegenteil von früh ist **spät**. Am **späten** Abend – er kommt zu **spät**
spazieren gehen	Lisa geht zu Fuß und hat kein bestimmtes Ziel. Sie **geht** nur **spazieren**.
die **Speise** die **Speisen** **speisen**	Zu den Mahlzeiten isst du **Speisen**. Sie sind zubereitete Nahrung. Es gibt kalte und warme **Speisen**. **Speise**karte – Süß**speise**
spielen	Ben **spielt** Gitarre. Lisa **spielt** Ball.

spitz | Das Gegenteil von stumpf ist **spitz**. Ein **spitzer** Bleistift – eine **spitze** Zunge

der **Sport**
der **Sportler**
die **Sportler**
die **Sportlerin**
die **Sport-lerinnen**

Wer **Sport** treibt, bewegt seinen Körper. Dabei kann er ein **Sport**gerät benutzen. Ein **Sportler** misst sich mit anderen **Sportlern**.
Sportplatz – Winter**sport**

die **Sprache**
sprechen

Wer die **Sprache** gebraucht, **spricht** oder schreibt. Er formt Wörter. Ohne **Sprech**werkzeuge, vor allem ohne die Zunge, kann man nicht **sprechen**.

springen

Bens Ball **springt** hoch. Lisa übt Seil**springen**.

Ss

die **Stadt**
die **Städte**
das **Städtchen**
die **Städtchen**

Eine **Stadt** besteht aus Gebäuden, Straßen, Plätzen und Parks. In der **Stadt** wohnen und arbeiten viele Menschen. Wer dort wohnt, ist Bürger oder Bürgerin.
Im Rathaus regiert der Bürgermeister mit dem **Stadt**rat. Dort wird die **Stadt** verwaltet.
Stadtplan – Klein**stadt**

stark

Wer **stark** ist, besitzt Kraft.
Ein **starker** Mann – ein **starker** Wind

stehen

Ben und Lisa **stehen** am Straßenrand und sehen zu, wie der Verkehr **steht**.

steigen

Um höher zu kommen musst du oft **steigen**. Du kannst die Treppen oder einen Berg hoch**steigen**.
Auch Fieber kann **steigen**.

steil — Wo das Gelände stark ansteigt oder abfällt, ist es **steil**.

der **Stein**
die **Steine**
steinig

Ein Stück Felsen ist ein **Stein**. **Steine** sind kantig oder rund. Berge bestehen aus **Stein**. Wege können **steinig** sein. **Stein** ist ein wichtiges Baumaterial. Der **Stein**metz ist der Fachmann für die **Stein**bearbeitung.
Steinbruch – Ziegel**stein**
Mir fällt ein Stein vom Herzen.

stellen — Lisa **stellt** sich in die Schlange. Ben **stellt** seine Uhr.

sterben — Menschen und Tiere hören irgendwann auf zu leben: Sie **sterben**. Wer **gestorben** ist, ist tot. Pflanzen welken und **sterben** ab, wenn ihnen Licht und Nahrung fehlen.

Ss

der **Stern**
die **Sterne**

Sterne sind Himmelskörper. Sie glühen. Du siehst sie am Himmel funkeln. Es gibt unzählige **Sterne**. Manche haben schöne Namen wie „Kleiner Wagen“ oder „Großer Bär“.

der **Stock**
die **Stöcke**
das **Stockwerk**
die **Stockwerke**

Ein **Stock** ist
* ein fester, dicker Stab (Spazier**stock**).
** ein Kasten (Bienen**stock**).
*** das Geschoss eines Hauses (**Stockwerk**).

der **Stoff**
die **Stoffe**

Stoff
* ist Gewebe (Kleider**stoff**).
** ist eine Masse (Farb**stoff**, Kleb**stoff**).
*** sind Themen und Ideen (**Stoff**sammlung für einen Aufsatz).

die **Strafe**
die **Strafen**
strafen

Wer gegen das Gesetz verstößt, kann vor Gericht gestellt und zu einer **Strafe** verurteilt werden.

die **Straße**
die **Straßen**

Straßen sind asphaltierte Wege. Viele **Straßen** durchziehen Stadt und Land. Auf ihnen bewegen wir uns mit Fahrzeugen oder auch zu Fuß. Eine mehrspurige **Straße** nennt man Autobahn.
Straßenkreuzung – Land**straße**

Ss

streiten Wenn zwei Leute sich nicht einigen können, **streiten** sie.

der **Strom**
die **Ströme**

Der **Strom** ist
* ein breiter, wasserreicher Fluss.
** Elektrizität, die sich durch ein **Strom**kabel bewegt.

das **Stück**
die **Stücke**

Ein **Stück** ist ein Teil vom Ganzen.
Man spricht aber auch von Musik**stücken** und Theater**stücken**.

Ein **Stück** Kuchen – ein **Stück** Land

die **Stufe**
die **Stufen**

Eine Treppe besteht aus mehreren gleich hohen Abschnitten, den **Stufen**.

stumm Wer **stumm** ist, redet nicht(s). Taub**stumme** können weder sprechen noch etwas hören.

suchen Wer etwas verloren hat und es finden will, muss **suchen**. Er schaut an vielen Stellen nach. Oft musst man lange **suchen**.

süß
* Zucker und Honig machen Speisen **süß**.
** **Süß** kann auch lieb und niedlich bedeuten.

Tt

das **Tablett**
die **Tabletts**

Ein **Tablett** ist ein Tragebrett für Gläser und Geschirr.

die **Tafel**
die **Tafeln**

Eine **Tafel** ist ein glattes, ebenes Brett. Man kann es beschriften (Wand**tafel**) oder etwas darauf legen (Speise**tafel**, Tisch).

Von einer **Tafel** Schokolade brichst du Rippen ab.

das **Tal**
die **Täler**

Einschnitte in den Bergen sind **Täler**. Ein **Tal** kann eng oder weit sein. Vom Berg fährst du auf Skiern ins **Tal**.

tanken

Treibstoff in das **Tank**loch einfüllen ist **tanken**. An der **Tank**stelle stehen Zapfsäulen. Dort **tankt** man sein Auto.

tanzen
der **Tänzer**
die **Tänzer**
die **Tänzerin**
die **Tänzerinnen**

Sich zu Musik in Takt und Rhythmus bewegen nennt man **tanzen**. **Tänzerin** und **Tänzer** beherrschen ihre **Tanz**schritte sehr gut. **Getanzt** wird auf dem **Tanz**boden, aber auch auf der Bühne (Ballett).

die **Tasche**
die **Taschen**

Taschen sind
* eingenähte Stoffbeutel (Hosen**tasche**).
** lose Behälter aus Leder, Leinen, Plastik oder Papier (Einkaufs**tasche**).

Tt

die **Taste** die **Tasten**	Klaviere, Maschinen und Computer haben **Tasten**, die man drückt.
taub	Wer **taub** ist, kann nicht hören.
tauchen	Lisa tunkt den Keks in den Kakao: Sie **taucht** ihn ein. Ben **taucht**. Er schwimmt unter Wasser.
der **Teich** die **Teiche**	Ein **Teich** ist größer als ein Weiher und kleiner als ein See. 
der **Teig** die **Teige**	**Teig** ist aus Mehl und Wasser. Damit er aufgeht, wird ihm Hefe oder Backpulver zugesetzt. Nudeln, Brot und Gebäck sind **Teig**waren.
der **Teil** die **Teile** **teilen**	Ein Stück vom Ganzen ist ein **Teil**. Man **teilt** ein Ganzes, wenn man es in Stücke zerlegt. Man kann auch sein Essen mit jemandem **teilen**.
das **Telefon** die **Telefone** **telefonieren**	Das **Telefon** ist ein Fernsprechgerät. Es besteht aus Hörer, Sprechmuschel und Tastatur. Um **telefonieren** zu können musst du die richtige **Telefon**nummer wählen.  **Telefonieren** kostet Geld.

Tt

das **Tennis**

Zum **Tennis**spielen sind ein Ball, ein Schläger und eine Spielfläche mit Netz nötig. Kinder spielen gern Tisch**tennis** (Pingpong). **Tennis** kann man auf dem Sandplatz, auf Rasen und auf Filzbelag spielen.

teuer

Was kostspielig und wertvoll ist, ist **teuer**. Das Gegenteil nennt man billig.

das **Theater**
die **Theater**

* Das **Theater** ist ein Gebäude, in dem Bühnenstücke aufgeführt werden.

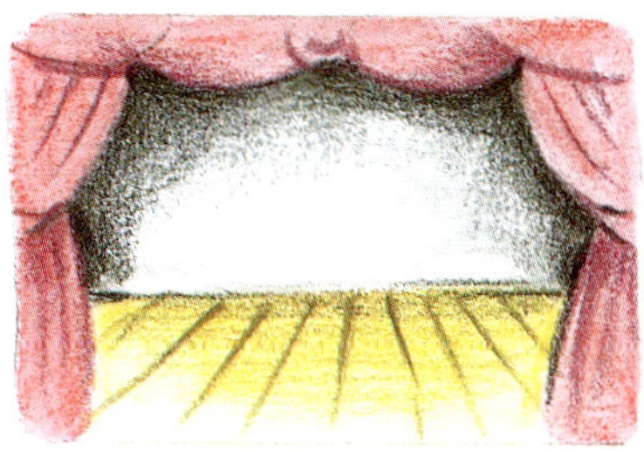

** Schauspielerinnen und Schauspieler führen Dramen auf: Sie spielen **Theater**.

tief

Das Gegenteil von hoch ist **tief**.
Ein **tiefer** Graben – ein **tiefer** Blick

die **Tinte**
die **Tinten**

Tinte ist eine farbige Flüssigkeit zum Schreiben. Sie wird mit Patronen in den Füller eingeführt. Um **Tinte** zu löschen benutzen Kinder meist den **Tinten**tod.

Eichhörnchen
Reh
Pferd
Kaninchen
Kuh
Ziege
Hund
Schwein
Huhn
Wurm
Igel

Tiere in Haus und Hof

Tiere sind Lebewesen. Sie ernähren sich von Pflanzen oder von anderen Tieren. Menschen halten Haus**tiere**. Sie füttern diese **Tiere** und pflegen sie. Manche **Tiere** nützen dem Menschen: Kühe geben Milch und Hühner legen Eier. Rinder, Schafe, Schweine und Hühner liefern Fleisch.

Zootiere
Nilpferd
Känguru
Riesen-
tukan
Eisbär
Elefant
Pinguin
Schimpanse
Seehund
Kamel

Giraffe
Tiger
Panda
Nilkrokodil
Flamingo
Löwe
Tigerpython
Zebra
Nashorn

Tt

der **Tod** — Der **Tod** eines Lebewesens ist eingetreten, wenn es nicht mehr lebt.

das **Tor**
die **Tore** — Das **Tor** ist
* eine hohe und breite Tür.
** ein Gestell mit Netz (Fußball**tor**).

tot — Wer/was **tot** ist, lebt nicht mehr.

tragen — Lisa **trägt** einen Korb. Ben **trägt** eine Sonnenbrille.

der **Traum**
die **Träume**
träumen — Wenn du im Schlaf Bilder siehst und Geschichten erlebst, **träumst** du. Wenn du dir Dinge vorstellst, die es nicht gibt, heißt das auch **träumen**.
Er träumt mit offenen Augen.

Tt

traurig Wer **traurig** ist, fühlt sich bedrückt. Oft weinen Menschen, wenn sie **traurig** sind.

treffen Lisa **trifft** ihre Freundin. Ben **trifft** ins Tor.

die **Treppe**
die **Treppen** Eine **Treppe** besteht aus mehreren Stufen. Eine **Treppe** kann außen an einem Gebäude hochführen oder im Gebäude sein.

Treppengeländer – **Treppen**haus

trinken Wer Flüssigkeit zu sich nimmt, **trinkt**. Du **trinkst** Wasser um deinen Durst zu stillen.

trocken Das Gegenteil von nass oder feucht ist **trocken**. Ein **trockenes** Plätzchen – eine **trockene** Kehle

Tt

der **Tropfen**
die **Tropfen**

Eine winzig kleine Menge Flüssigkeit ist ein **Tropfen**.
Er ist oben schmal
und unten dick.

tun

Statt **tun** kann man „machen“ oder „unternehmen“ sagen.
Was du nicht willst, dass man dir tu, das füg auch keinem andern zu.

der **Turm**
die **Türme**

Ein **Turm** ist ein schmales, hochragendes Gebäude. In der italienischen Stadt Pisa steht ein schiefer **Turm**.
Turmuhr – Kirch**turm** – Fernseh**turm**

turnen

Wenn du **turnst**, bleibst du beweglich und kräftigst deinen Körper.
Turnübung – **Turn**halle

Uu

üben die **Übung** die **Übungen**	Um etwas gut zu lernen musst du es regelmäßig **üben**. Viele Dinge, die Spaß machen, kosten auch viel **Übung**, zum Beispiel Rad fahren, Klavier spielen oder Schlittschuh laufen. **Übung macht den Meister.**
übrig	Was noch bleibt, wenn schon fast alles weg ist, das ist **übrig**. Lisa hat noch zwei Kekse **übrig**.
das **Ufer** die **Ufer**	Der Rand von Seen, Flüssen und Bächen heißt **Ufer**. Im Sommer sind die See**ufer** von Badenden bevölkert. Das Meeres**ufer** heißt auch Küste.
die **Uhr** die **Uhren**	Die **Uhr** zeigt an, wie spät es ist. Es gibt viele Arten von **Uhren**: Armband**uhren**, Taschen**uhren**, Küchen**uhren**, Bahnhofs**uhren**.
die **Umwelt**	Was dich umgibt, ist die **Umwelt**: die Menschen und ihr Lebensraum, die Natur mit Tieren und Pflanzen. **Umwelt**schutz ist heute eine Aufgabe für alle. Jeder kann seine **Umwelt** schön gestalten und sauber halten.

Uu

umziehen Lisas Opa muss **umziehen**. Lisa **zieht** sich **um**.

der **Unfall**
die **Unfälle**

Bei einem **Unfall** werden Menschen verletzt oder Sachen beschädigt.
Auto**unfall** – Bade**unfall**

untergehen

Die Sonne **geht** hinter dem Berg **unter**.
Lisas Stimme **geht** im Lärm **unter**.

der **Unterricht**
unterrichten

In der Schule beginnt der **Unterricht** um acht Uhr. Kinder, die ein Musikinstrument lernen, haben nachmittags noch Klavier- oder Gitarren**unterricht**.
Ben nimmt Schwimm**unterricht**.

Uu

unter-scheiden	Anna und Kathrin sind Zwillinge. Keiner kann sie **unterscheiden**.
der **Unterschied**	Nur die Eltern kennen den **Unterschied**.
die **Unter-schiede**	
der **Urlaub**	**Urlaub** ist die Zeit, in der die Menschen nicht arbeiten müssen und sich erholen können. Im Sommer**urlaub** kann man baden oder wandern. Viele Familien verreisen im **Urlaub**. Beliebte **Urlaubs**länder sind Österreich, Italien, Spanien und Griechenland. Im Sommer nimmt Bens Vater **Urlaub**. **Urlaubs**reise – Winter**urlaub**

Vv

der	**Verband**	Um eine Verletzung oder eine Wunde zu schützen wird sie **verbunden**. Der **Verband** wird mit einer sauberen Binde angelegt.
die	**Verbände**	
	verbinden	

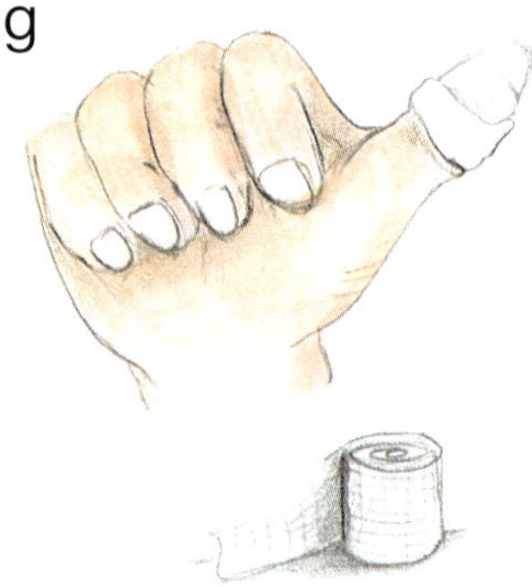

	vergleichen	Wenn du ähnliche Sachen gegeneinander hältst und feststellst, was sie gemeinsam haben und wie sie sich unterscheiden, **vergleichst** du sie.
	verkaufen	Der Gemüsehändler **verkauft** Gemüse. Er bietet es für Geld an. In Geschäften sind **Verkäuferinnen** und **Verkäufer** angestellt, die Kunden und Kundinnen bedienen und beraten.
der	**Verkäufer**	
die	**Verkäufer**	
die	**Verkäuferin**	
die	**Verkäuferinnen**	
der	**Verkehr**	Auf der Straße ist viel **Verkehr**. Autos, Motorräder und Lastwägen fahren dort. Wer am **Verkehr** teilnimmt, muss sich an die **Verkehr**sregeln halten. Sind zu viele Fahrzeuge unterwegs, entsteht ein Stau. **Verkehr**szeichen – Straßen**verkehr**
	verkehrt	Lisa hat ihren Pullover **verkehrt** herum an.

verlieren

Ben kann beim Spielen nicht **verlieren**.
Lisa hat ihre Fahrkarte **verloren**.

der **Verstand**
verstehen

Viele Sachen sind schwer zu **verstehen**. Zum Beispiel warum die Sonne morgens aufgeht und abends untergeht.
Wer klug ist, hat **Verstand**.
Lisa **versteht** sich gut mit Ben. Ben kann ein wenig Englisch **verstehen**.

der **Verwandte**
die **Verwandte**
die **Verwandten**

Verwandte sind Leute, die zur Familie gehören. Lisa und Ben sind die Kinder (Tochter und Sohn) von ihren Eltern (Mutter und Vater). Die Eltern haben wieder Eltern, das sind Lisas und Bens Großeltern (Großmutter und Großvater). Tante und Onkel sind die Geschwister von Mama und Papa. Die Kinder von Tante und Onkel sind zu Lisa und Ben Cousine und Cousin.
Für Tante und Onkel sind Lisa und Ben Nichte und Neffe, für die Großeltern sind sie Enkeltochter und Enkelsohn.

Vv

Bei wichtigen Anlässen wie Geburt oder Hochzeit feiert die **Verwandt**schaft ein Fest.

das **Video**
die **Videos**

Auf einem **Video** ist ein Film oder eine Fernsehsendung aufgezeichnet. Um ein **Video** zu sehen steckst du eine **Video**kassette in einen **Video**rekorder. Auf dem Bildschirm kannst du dann das **Video** sehen.
Mit einer **Video**kamera kannst du filmen.

viel

Wer **viel** Spielzeug hat, besitzt eine ganze Menge. Das Gegenteil von **viel** ist wenig.

vielleicht

Statt **vielleicht** sagt man auch möglicherweise.

Vv

der **Vogel** die **Vögel**	**Vögel** können fliegen. Sie tragen ein Federkleid. Es schützt sie gegen Kälte und Nässe. **Vögel** rufen einander. Wir sagen: sie singen oder zwitschern. An ihren Stimmen sind **Vögel** zu erkennen. Es gibt Stand**vögel**, die das ganze Jahr dableiben, und Zug**vögel**, die im Herbst in den warmen Süden ziehen. Lisa sagt: „Ben ist ein Spaß**vogel**!“

voll	Das Gegenteil von leer ist **voll**. Ein **voller** Becher – ein **volles** Haus
vorlesen	Erwachsene **lesen** Kindern gern Geschichten **vor**. In der Schule wird manchmal ein **Vorlese**wettbewerb veranstaltet. Ben **liest** Lisa ein Märchen **vor**.

Ww

wach	Wer **wach** ist, schläft nicht. Manche Tiere sind die ganze Nacht **wach** um Beute zu jagen.
das **Wachs**	Bienen formen aus **Wachs** ihre Bienenwaben. Die Menschen verwenden das **Wachs** um Kerzen zu machen. **Wachs**kerzen duften fein.
wachsen	Wer **wächst**, wird größer. Jugendliche **wachsen** bis sie ungefähr 18 sind. Dann sind sie er**wachsen**.
der **Wagen** die **Wägen**	Ein **Wagen** ist ein Fahrzeug mit Rädern. Babies und Kleinkinder werden im Kinder**wagen** spazieren gefahren. Manche Erwachsene fahren Sport**wägen**. Wer beruflich viel unterwegs ist, kann einen Dienst**wagen** bekommen.

wählen — Lisa **wählt** eine Telefonnummer. Sie fragt: „Wurde Ben zum Klassensprecher ge**wählt**?“

wahr — Eine **wahre** Geschichte ist eine Geschichte, die wirklich passiert ist.

der **Wald**
die **Wälder** — Eine größere Anzahl von Bäumen, die dicht beisammenstehen, sind ein **Wald**. In unseren heimischen **Wäldern** wohnen Rehe, Füchse und viele kleinere Tiere.

In feuchten, heißen Ländern wächst der Regen**wald**. Dort leben exotische Tiere wie Papageien und Affen. Überall auf der Welt sind **Wälder** durch Schmutz und Abholzen bedroht.

die **Wand** die **Wände**	Die meisten Zimmer haben vier **Wände**. An die **Wand** kann man Bilder und Plakate hängen.
wandern	Im Herbst **wandern** viele Leute in die Berge. Beim **Wandern** kann man die Natur genau betrachten. **Wander**schuhe – Berg**wandern**
wann	Das Fragewort **wann** fragt nach der Zeit: „**Wann** geht es los?“
warm	Das Gegenteil von kalt ist **warm**. Ein **warmer** Sommertag – eine **warme** Suppe
warten	Wenn du auf etwas **wartest**, vergeht die Zeit besonders langsam. Ben kann seinen Geburtstag kaum er**warten**.
warum	Das Fragewort **warum** fragt nach dem Grund: „**Warum** gehst du?“
was	Das Fragewort **was** fragt nach dem Gegenstand: „**Was** sagst du?“
die **Wäsche**	Verschmutzte Kleidung wird gewaschen. Die **Wäsche** wird nach dem Waschen auf die **Wäsche**leine zum Trocknen gehängt. **Wäsche**trockner – Unter**wäsche**

Ww

waschen — Wenn du dich **wäschst**, reinigst du deine Haut mit Wasser und Seife. Wäsche wird mit der **Wasch**maschine oder auch per Hand ge**waschen**. Dazu braucht man **Wasch**mittel.

das **Wasser**
die **Wasser** — Ohne **Wasser** gibt es kein Leben auf der Erde. Menschen und Tiere trinken **Wasser** und Pflanzen können ohne **Wasser** nicht wachsen und gedeihen. Über eine **Wasser**leitung kommt das **Wasser** ins Haus.
Mir läuft das Wasser im Mund zusammen.

wecken
der **Wecker**
die **Wecker** — Wenn du morgens früh aufstehen musst, stellst du den **Wecker**. Er **weckt** dich durch Rasseln, durch Piepsen oder mit Musik.

der **Weg**
die **Wege** — Ein **Weg** ist ein breiter Pfad für Fußgänger oder Radfahrer. Ein **Weg** ist nicht asphaltiert wie eine Straße.
Wegweiser – Rad**weg**

weich — Das Gegenteil von hart ist **weich**. Ein **weiches** Bett – ein **weiches** Herz

Weih-nachten

Am 24. Dezember ist bei uns Heiliger Abend. Danach folgen die beiden **Weihnachts**feiertage.
An **Weihnachten** feiern die Christen die Geburt Jesu. Der Christbaum ist mit Kugeln und Lametta geschmückt. Wenn es dunkel wird, werden die Kerzen angezündet.
Die Menschen überraschen sich an **Weihnachten** mit Geschenken.

weinen

Wenn du traurig oder wütend bist, kommen dir manchmal die Tränen. Dann **weinst** du.

weit

Das Gegenteil von nah oder eng ist **weit**.
Ein **weites** Tal – ein **weiter** Rock

die **Welle**
die **Wellen**

Wasser, das vom Wind bewegt wird, bildet **Wellen**.
Haar, das weder lockig noch glatt ist, hat **Wellen**.

Bens Mutter hat Dauer**wellen**.

Ww

die **Welt** die **Welten**	Die **Welt** ist die Erde, auf der wir leben.
wenig	Das Gegenteil von viel ist **wenig**. **Wenig** Geld – **wenig** Platz
wer	Das Fragewort **wer** fragt nach der Person: „**Wer** war das?“
werben die **Werbung**	Im Hörfunk, im Fernsehen und in Zeitungen und Zeitschriften **werben** Firmen. Sie preisen ihre Waren in Wort und Bild an. So machen sie **Werbung**.
werfen	Lisa **wirft** einen Schneeball. Der Baum **wirft** Schatten.

die **Wette** die **Wetten** **wetten**	Wer **wettet**, behauptet anderen gegenüber etwas. Er geht eine **Wette** ein. Er verpflichtet sich manchmal ihnen etwas zu geben oder zu zahlen, wenn er nicht Recht behält. **Wetten, dass ...!**

Ww

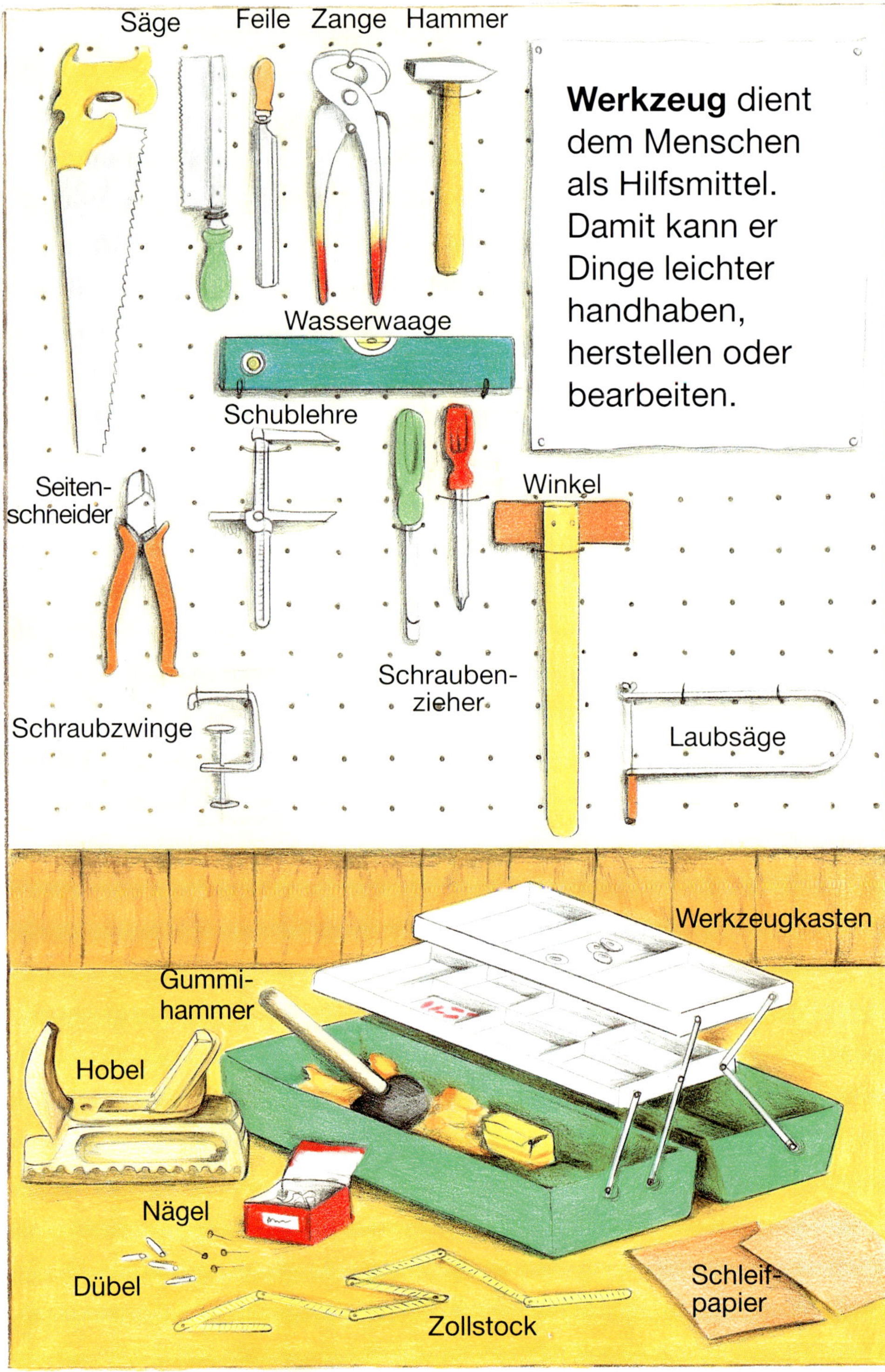

Werkzeug dient dem Menschen als Hilfsmittel. Damit kann er Dinge leichter handhaben, herstellen oder bearbeiten.

das **Wetter**	Wolken bringen schlechtes **Wetter**, Regen und kühlen Wind. Bei schönem **Wetter** scheint die Sonne. Die **Wetter**-kundler können das **Wetter** vorhersagen. **Wetter**karte – Regen**wetter**
wichtig	Statt **wichtig** sagt man auch bedeutend. Ein **wichtiger** Mensch – ein **wichtiger** Tag
wie	Das Fragewort **wie** fragt nach der Art und Weise: „**Wie** geht es dir?“
wieder	**Wieder** meint noch einmal, von neuem. Lisa hat **wieder** Langeweile.
wiederholen die **Wieder-holung** die **Wieder-holungen**	Wer etwas **wiederholt**, tut es noch einmal. Schüler, die üben, **wiederholen** den Lernstoff. Auch beim Training sind **Wiederholungen** nötig. Wer eine Klasse noch einmal besucht, **wiederholt** sie.
Auf **Wieder-sehen**	Zum Abschied sagst du: „Auf **Wiedersehen**.“ Damit meinst du, dass du den, den du verlässt, später gern wieder siehst.
der **Wind** die **Winde**	Der **Wind** ist ein starker Luftstrom. Wenn der **Wind** weht, bewegt er die Blätter. **Wind**rad – Fahrt**wind**

winken	Wer wegfährt, **winkt** zum Abschied. Er gibt mit der Hand ein Zeichen.
die **Wippe** die **Wippen** **wippen**	Eine **Wippe** ist ein langes Brett, das in der Mitte befestigt ist. Darauf **wippen** Kinder auf und nieder. 
wirklich	Statt **wirklich** sagt man tatsächlich oder wahr. Ben ist **wirklich** müde.
wissen	Menschen, die von etwas Kenntnis haben und es sich gut merken können, **wissen** etwas.
der **Witz** die **Witze** **witzig**	Ein **Witz** ist eine kurze, komische Geschichte. Kinder lesen und erzählen gerne **Witze**. Wer **witzig** erzählen kann, bringt seine Zuhörer zum Lachen.
wo	Das Fragewort **wo** fragt nach dem Ort: „**Wo** warst du?“ – „**Wo** liegt Hamburg?“
wohl	Das Wörtchen **wohl** meint * gut, angenehm, gesund. ** vielleicht. Lisa fühlt sich nicht **wohl**. „Du bist **wohl** krank?“, fragt Ben.

Ww

wohnen
die **Wohnung**
die **Wohnungen**

Lisa **wohnt** mit ihren Eltern in einem Haus, Ben in einer **Wohnung**. Zu einer **Wohnung** gehören mehrere Räume, zum Beispiel **Wohn**zimmer, Schlafzimmer, Kinderzimmer, Küche, Bad und Toilette.

die **Wolke**
die **Wolken**

Aus einer **Wolke** kann es regnen oder schneien.

Dunkle oder schwarze **Wolken** können ein Gewitter ankündigen.
Wolkenbruch – Regen**wolke**

die **Wolle**

Pullover, Jacken und Mützen sind aus **Wolle**. Die **Wolle** wird aus den Haaren von Tieren gewonnen, gefärbt, gesponnen und verstrickt.

wollen

Lisa **will** einmal Ärztin werden. Ärztin zu werden ist ihr größter Wunsch. Ben hat nie Brei essen **wollen**.

MEYER

Wohnen

Menschen **wohnen** in Häusern. Sie siedeln in kleinen und großen Orten. Durch Straßen und Wege sind die Häuser in Dörfern und Städten miteinander verbunden.

Ww

das **Wort**
die **Worte**
die **Wörter**
das **Wörtchen**
die **Wörtchen**

Der kleinste Teil einer Rede ist das gesprochene **Wort**. Es besteht aus Lauten. Das gedruckte oder geschriebene **Wort** setzt sich aus Buchstaben zusammen. Es gibt verschiedene **Wörter**, zum Beispiel Haupt**wörter**, Zeit**wörter**, Eigenschafts**wörter**, Frage**wörter**, Fremd**wörter**.

Ich nehme dich beim Wort.
Mit ihm hab ich noch ein Wörtchen zu reden.

die **Wunde**
die **Wunden**

Sind die Haut oder das Fleisch verletzt, bleibt eine **Wunde**. Sie kann bluten oder eitern. **Wunden** werden gereinigt und verbunden, damit sie heilen.

der **Wunsch**
die **Wünsche**
wünschen

Wer nach etwas verlangt, hat einen **Wunsch**. Lisa **wünscht** sich zum Geburtstag ein Rad, Ben eine Geige.

die **Wut**
wütend

Wer in **Wut** gerät, ist **wütend**. Er ist aufgebracht, tobt und schimpft.

Xx Yy

X-Beine Wenn bei jemandem die Knie zu eng beieinander sind, hat er **X-Beine**. Wenn die Knie zu weit auseinander sind, hat er O-Beine.

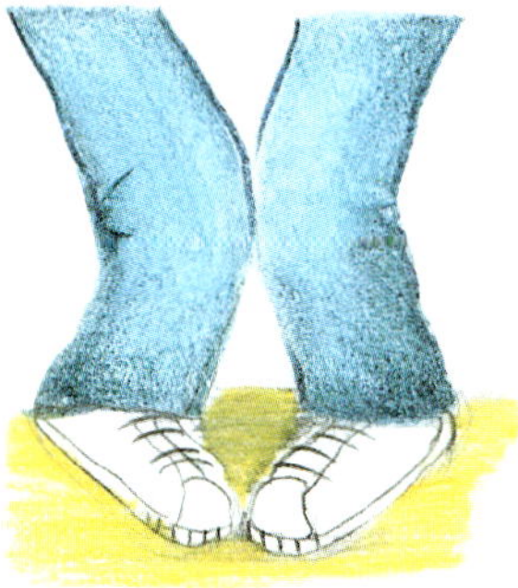

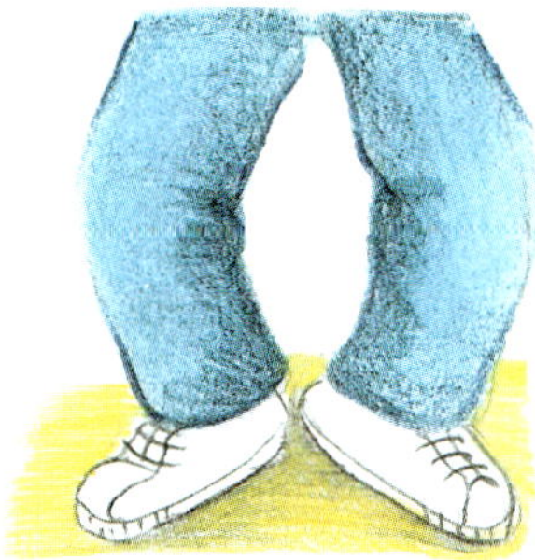

x-beliebig Ein **x-beliebiger** Garten ist irgendein Garten.

x-mal **X** steht für eine unbestimmte Anzahl von etwas.
Lisa: „Ich habe Ben schon **x-mal** gesagt, dass er nett zu mir sein soll."

das **Ypsilon**
die **Ypsilone** Der Buchstabe **Ypsilon** kommt fast nur in Fremdwörtern vor, zum Beispiel in Bab**y**, Curr**y**, b**y**e-b**y**e und in Namen wie **Y**vonne, S**y**lvia oder Harr**y**.

Zz

zählen	Wenn man bestimmt, wie groß die Menge von etwas ist, **zählt** man. Ben **zählt** sein Taschengeld. Lisa **zählt** die Tage bis zum Ferienbeginn.
der **Zahn** die **Zähne** der **Zahnarzt** die **Zahnärzte** die **Zahnärztin** die **Zahn-ärztinnen**	Wenn du **Zahn**schmerzen hast, gehst du zur **Zahnärztin** oder zum **Zahnarzt.** Dort kannst du deine **Zähne** untersuchen und behandeln lassen.
zart	**Zart** bedeutet fein oder schmal. Ein **zartes** Kind – ein **zartes** Pflänzchen
der **Zauberer** die **Zauberer** **zaubern**	Ein **Zauberer** kann seine Zuschauer durch Tricks so verblüffen, dass sie glauben, was er ihnen vormacht. Die Mutter **zaubert** etwas Gutes auf den Tisch.
der **Zaun** die **Zäune**	**Zäune** umgrenzen ein Stück Land. Sie bestehen aus Draht oder Latten. Wer sein Grundstück ein**zäunt**, will nicht, dass jeder es betreten kann. **Zaun**latte – Garten**zaun**

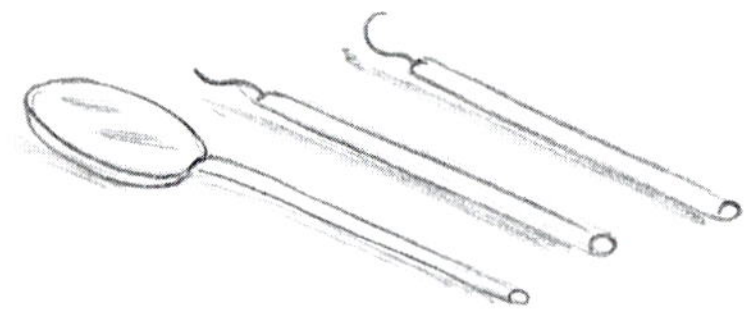

Zahlen und Ziffern

Zz

der **Zebrastreifen**
die **Zebrastreifen**

Der Fußgängerweg an Straßenkreuzungen heißt **Zebrastreifen**. Nach dem **Zebra** ist er benannt, weil er schwarz-weiß ist.

zeigen
der **Zeiger**
die **Zeiger**

Viele Uhren haben zwei **Zeiger**, einen für die Minuten, einen für die Stunden. Sie **zeigen** auf die Ziffern in der Reihenfolge, in der die Zeit vergeht. So kannst du die Uhrzeit ablesen.

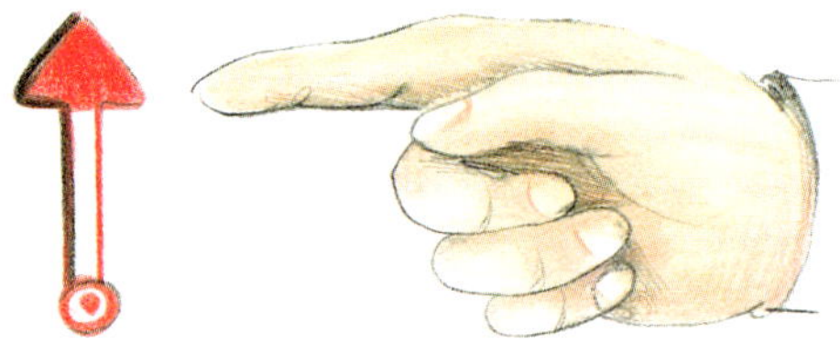

die **Zeit**
die **Zeiten**

Die **Zeit** messen wir in Stunden, Minuten und Sekunden. **Zeit** besteht aus Vergangenheit (was war), Gegenwart (was ist) und Zukunft (was sein wird).

die **Zeitschrift**
die **Zeitschriften**

Zeitschriften sind bunte Hefte mit Texten und Bildern. Sie erscheinen wöchentlich oder monatlich.

Zz

die **Zeitung**
die **Zeitungen**

In der Tages**zeitung** kann man über die neuesten Ereignisse aus aller Welt lesen. Die Lokal**zeitung** berichtet aus der nächsten Umgebung. Journalisten sammeln Neuigkeiten, schreiben Artikel und wählen Fotos aus.

zerbrechen

Gegenstände aus Glas, Ton und Porzellan **zerbrechen** leicht. Sie zerfallen in einzelne Teile.

der **Zettel**
die **Zettel**

Ein Fetzen Papier ist ein **Zettel**. Im **Zettel**kasten sind wichtige Notizen geordnet.

das **Zeugnis**
die **Zeugnisse**

Die Lehrer geben Schülerinnen und Schülern jedes halbe Jahr ein **Zeugnis**. Darin steht, wie gut die Kinder in den einzelnen Fächern gelernt haben. Sie bekommen Noten.

die **Ziege**
die **Ziegen**

Ziegen sind Haustiere. **Ziegen**milch kann man trinken. Man kann aber auch Käse daraus zubereiten. Die männliche **Ziege** heißt **Ziegen**bock, eine junge **Ziege** ist ein Zicklein.

Zz

ziehen Lisa **zieht** ein Los. Ben kann den Wagen nicht aus dem Dreck **ziehen**.

das **Ziel**
die **Ziele**

Die Stelle, wo du am Ende einer Strecke sein sollst, ist das **Ziel**.
Zielscheibe – Reise**ziel**

ziemlich

Statt **ziemlich** sagt man auch leidlich, annähernd oder recht.
Lisa kann **ziemlich** gut werfen.

das **Zimmer**
die **Zimmer**

Eine Wohnung besteht aus **Zimmern**. Diese haben Wände mit Fenstern und Türen, einen Fußboden, eine Decke.

der **Zirkus**
die **Zirkusse**

Der **Zirkus** ist ein großes Zelt mit einer Manege. Dort treten Artisten auf: Clowns, Trapezkünstler und Seiltänzer. Dompteure führen Tierdressuren vor. Dazu spielt eine Musikkapelle.
Der **Zirkus** zieht oft von Ort zu Ort. Kinder besuchen gerne die **Zirkus**vorstellungen und die Tierschau.
So ein Zirkus!

Zz

der **Zoo**
die **Zoos**

Ein **Zoo** ist ein Tiergarten. Dort leben Tiere in Gehegen und Käfigen.

der **Zug**
die **Züge**

Ein **Zug** ist
* eine Reihe von Waggons mit einer Lokomotive an der Spitze.
** eine Reihe von Menschen, die hintereinander gehen (Laternen**zug**).

zusammen

Was du nicht allein, sondern mit anderen gemeinsam tust, machst du **zusammen** mit ihnen.

der **Zwilling**
die **Zwillinge**

Zwillinge sind Menschen, die am selben Tag geboren wurden und dieselben Eltern haben. Manche **Zwillinge** sehen sich zum Verwechseln ähnlich.

E
R
J
U
Q
Z
V
D
W
O
A
F